MUJI

孕育無印良品的
"思考"与"话语"

[日] **良品计画** 著 吕灵芝译

新星出版社 NEW STAR PRESS

前言 为人与社会"起作用"

株式会社良品计画董事会会长　金井政明

一九八〇年,無印良品作为西友的自有品牌,从以食品为中心的四十款商品正式起步。尽管那些都是零售业商品,但当时的西友及Saison集团总帅堤清二先生表明:"这是反体制商品。"由此可见,那四十款商品全部基于类似自我否定的概念生产而成。

因为经济高速增长期走向终局,经历了二十世纪七十年代的两次石油危机后,经济环境转为节约倾向。在当时那个资本逻辑生成的过度消费社会中,最重要的是,要尝试用人的逻辑去重新审视商品。

聚集在堤清二身边的当代日本代表性创作者们积极参与了这个概念的讨论与创作,将商品研发、包装设计、卖场设计、海报、广告等一系列要素全部统一在了同一种思想之下。

如今,将近四十年过去了。無印良品越来越多地得到"简约""自然""基础"的概括和评价。至二○一七年度结束为止，無印良品的店铺网络覆盖全球二十八个国家和地区，店铺总数达到八百七十六家，合并销售额三千七百八十八亿日元，合并营业利润四百五十二亿日元，实现了大幅增长。

并且，现在我们还抱有一个超越"战略"的"大战略"。

这个大战略，就是"起作用"。

或许有人会感到意外，不过，这个"大战略"是目前株式会社良品计画的最高目标。

我们一边注意不让商品的设计和名称影响到人们的使用，一边尽量让商品能够为拿起它的人派上用场。如果商品或服务受到欢迎，让营业额增加，那也只是"发挥了作用的结果"。

最近，越来越多公司外部的人问我们：为何良品计画要展开多元化经营？

所谓多元化，想必是指这些业务：良品计画参与的成田国际机场第三航站楼和京阪枚方市车站等公共设施的设计；从二〇一八年开始，在中国深圳、北京和日本银座陆续开设的"MUJI HOTEL"；在千叶县鸭川展开的傍村山林活化事业[1]；以及在东京有乐町分店开设的蔬果卖场。

不过，我不认为良品计画参与这些项目是一种多元化发展。因为这些全部都包含在良品计画的工作范围内。无印良品的概念并不局限于零售业，而是更为广阔的东西。因为无印良品拥有一种难以明言的思想性，如果一定要用话语来表述，或许可以称为"来自民众的生活运动"。

而这些行动，都围绕着"起作用"这个中轴展开。

我一九九三年转职至良品计画，其后的工作主要是参与生活杂货的策划。二〇〇八年成为社长，二〇一五年成为董事长，其间我一直都在思考：无印良品究竟是什么？这个思考，至今仍在继续。

在这许多思考中，一部分凝聚成了话语，还有一部分维持着思考的状态，保留在我的脑内和心中。

---

[1] 由于社会高龄化和生活变化，许多傍村山林渐渐无人打理，无印良品与当地合作，开展各种地域活化活动。（译注，下同）

这本书讲述了良品计画内部已经形成共识的东西，还记录了参与無印良品成立探讨的人们的思考和话语，比如Saison集团总帅堤清二先生，以及既是创立者之一、也一直为無印良品的一贯性和思想性建言献策的田中一光先生，还有以田中一光先生为中心的顾问委员会成员等。另外，书中还收录了無印良品成立背后的种种故事。这本书以"思考"和"话语"为切入点，向良品计画成员，以及思考今后商业和社会本质的人们传达了一些观点。

我们公司的名称是"良品计画"，将"無印良品"这一思想具象化为商品和服务的形式出售。"無印良品"这个词，表现了我们以"感觉良好的社会"为目标，坚持不懈展开行动的整个过程。这个"無印良品"，并非针对"创造無印良品"这样的计划诞生，而是为了让生活感觉更好，进行诸多选择后的结果。它就像泉水喷涌，春暖花开一样，是自然"孕育"出来的东西。本书标题之所以没用"创造"，而用了"孕育"[1]，正是因为这个道理。

我在公司内部会议上经常提及这些东西，只是没什么机会向外部传达。

1　前者是在主观意识下诞生，后者是客观过程中诞生。

可是，若要真诚地回答关于酒店和傍村山林项目的提问，就需要以本书的内容为基础。

無印良品时刻重视的东西是什么；無印良品的笔和袜子为何会变成现在这个形态；今后应该带着什么样的思考展开工作；贯穿这一切的"起作用"理念，有着什么样的背景。我希望能将这些信息传达给遍布世界并正在增加的無印良品的伙伴，以及支持着無印良品的众多生活者。

目 录

第一章 创意永远单纯而基础
——身为人类该如何行动

1 人类都是贪得无厌又在意他人目光的生物 / 2

2 人和狗都要大便 / 6

3 無印良品的思想是什么来着 / 10

4 良品计画的大战略是"起作用" / 12

5 为了"起作用",要关注哪些方面? / 16

6 文化的三角测量 / 18

7 我们正把自己变成家畜? / 24

8 个人、社会、国家都处在同一个循环中 / 28
——危机→改革→发展→傲慢→冷漠→依存心→危机——

9 是否卖方太弱,买方太强? / 30

10 不谄媚、不傲慢、不强加 / 34

11 自然、无名、简约、地球视野 / 36

第二章 生活更美好，社会就更好
——经济不是目的而是手段，目的是感觉良好的生活

12 上一次凝望月亮出神，是什么时候？ / 42
13 不言"富足"，只求"感觉良好的生活" / 46
14 全球市场经济是否走得太远？ / 48
15 重新审视生活的"富足" / 50
16 在新的价值观下重新审视生活 / 54
17 一切始于"消费社会的反命题" / 58
18 堤清二先生说，"人的逻辑比资本的逻辑更重要" / 62
19 来自传统与沉默之间 / 66
20 不求"这样才好"，只求"这样就好" / 70

第三章 無印良品的创造方法
——初始（Ⅰ）·现在（Ⅱ）·未来（Ⅲ）

21 哪里体现了無印良品？ / 76
22 用简化和省略创造魅力（Ⅰ）/ 80
23 先对自己营销 / 88
24 然后观察 / 92
25 用简化和省略创造魅力（Ⅱ）/ 96
26 探寻无意识的意识！ / 104

27 经手留痕的创造 / 110

28 总有小小的邂逅和闪光 / 114

29 只要有心,就能灵光一现 / 118

30 是无非无即是无也 / 120

31 铭记心中的"由衷歉意与深刻反省" / 124

32 用简化和省略创造魅力(Ⅲ) / 128

33 直面合理性难题,并不断追求 / 134

34 创造构成生活素材的商品吧! / 140

35 创造"滋养心灵的商品"吧! / 144

第四章　孕育無印良品的风土和组织
——良品计画的愿景

36 勿忘苦涩的二十岁生日 / 150

37 小鱼成群结队,虽无言,却来去默契 / 154

38 全球化的中小企业宣言 / 158

39 总部不是参谋总部,而是现场的后援 / 160

40 公司结构的最上层是"思想" / 164

41 共享理念 / 168

42 融入地球市民中,以人为主角的公司 / 172

43 插手"三现" / 176

44 给出头鸟喂食 / 178

45 公司的重要战略会议就是闲聊！ / 180

46 人与公司终有一死 / 192

47 员工用智慧和心思创造了"永不完工的办公室" / 196

48 工作者会改变工作、改变公司、改变社会 / 200

第五章　無印良品是空，因此無垠
——大战略"起作用"拥有无限可能性

49 磨炼"本职能力" / 206

50 从地方起步的未来 / 210

51 从思想延伸出的各种活动 / 216

52 我们这些"笨蛋" / 226

53 重复原点，重复未来。 / 230

代后记 / 233

后记 **"共识"** 深泽直人 / 239

第一章 创意永远单纯而基础

——身为人类该如何行动

孕育 MUJI 的话语 1

人类都是贪得无厌又在意他人目光的生物

人这种生物，总是会在意他人的目光，而且永远贪得无厌。

人会跟他人攀比，同时追求"更流行、更受热议的东西"。因为欲望始终高涨，无法对现状感到满足，便一直抱有欠缺感。

在这种消费社会现象开始出现时，与之对抗的无印良品就诞生了。不过即使在那样的时代，依旧有许多人过着适于自身、不缺不滥的美好生活。我们将那样的人视为"最好的生活者"，希望制造出那样的人会去选择的商品，并不在其上冠以品牌名和设计者姓名，以最单纯的形式交到他们手上。

这个工作配合材料的选择、工序的改善和包装的简化这些共通的立场，一直持续到了现在。

通过简化和省略来创造魅力的想法，是设计师田中一光先生提出的生活美学。在挑选一只碗、一个筐时，都需要用到"联想"，最为合适的选择就是去掉装饰和冗余，展现出近乎朴素原貌的实在之物。我们一直坚信，这种审美方式将成为全世界共通的生活价值观。

无印良品的白瓷碗由常年钻研日用餐具的陶瓷器设计

师森正洋先生设计，森先生说，这种饭碗设计"今后五十年都不需要变更"。可见，森先生将几十年的设计经验，都注入了这只最像饭碗的饭碗中。

"本原之物"能够让人参透一些东西，也能够让人产生联想。

过去，日本生活中处处渗透着联想之妙。

枯山水用石头和沙砾表现了山峦和水流，盆栽则是立于掌中的庭园。欣赏这些东西，同时想象自然风景，就是人们的乐趣所在。

这种联想之妙，也渗透到了更为平民的领域。比如落语艺术在表现吃荞麦面、吸烟、写字时，只使用手巾和扇子两种道具。彼时，若手巾不像手巾，扇子不像扇子，则无论怎么联想都很难惟妙惟肖。进行联想时，承载想象的东西最好是"朴素的原貌"。过度的设计会夺走供人们参透的留白，从而阻碍联想。

無印良品诞生的时期，就是人们舍弃了传统，让过度设计更为逾越,每个人都更加贪婪,更在意他人目光的时期。

孕育 MUJI 的话语 2

人和狗都要大便

哈佛大学向我发来演讲邀请，希望我讲讲无印良品的思考方法和设计。当时，我在演示文稿第一页放了正在排便的人和狗的插画。

因为我想传达这样的看法："人类虽然自诩为高等生物，其实大便的姿势跟狗没什么差别。我们根本没那么伟大。"

人类建造的城市和摩天大楼、在高楼顶层享用香槟和晚餐的人们、时装秀上的服装、越来越傲然大气的车辆设计……我一边展示越变越快、越变越高级的各类照片，一边对听众说："MUJI既不喜欢设计，也不喜欢时尚。"我深知欧美对MUJI的评价也是"具备设计意识的公司"和"充满设计感的产品"，因此构思了这样的切入点，希望人们能理解MUJI的设计。

我时刻保持着这种想法，哪怕在别的场合，也会在回答"（良品计画）总部大楼是公司买下的产业"时，看着窗外极为认真地说："不过，我们并没有征得附近这些乌鸦的许可。"我认为，正因为是这样的公司，才会诞生出"自然、当然、无印。""我是无印。"这样的广告语。

现在，社会往往会依靠学历和头衔这种标记来对一个人做出评价，不过在自然界，连哈佛大学也是無印。

孕育MUJI的话语3

無印良品的思想是什么来着

無印良品有思想，这个思想正是無印良品得以存在的最为根源的理由。

书上说："所谓思想，是在反复进行哲学思考的基础上形成的具体想法。"那么，無印良品的思想是什么？

就算是深知"思想"乃公司命脉的良品计画员工，突然被问到这个问题，恐怕也都会哑口无言吧。

如果换我来说——

"这个嘛，那个……简单来讲……不，其实就是……平等什么的……唔……比如说……"

……嗯，看来我也一样。

孕育 MUJI 的话语 4

良品计画的大战略是"起作用"

良品计画的大战略是"起作用"。具体战略和战术会根据情况进行变更，但这个大战略始终不变。

大家都知道，思想很难简单地转化为语言。不过每天都在思考无印是什么，良品是什么，其结果就是，每个人心中以及组织内部，都明确存在着一个"思想"。而这个"大战略"简单明了，容易理解。

企业的目的是实践大战略，实践结果自然会体现为营业额和利润。之所以把"起作用"定为大战略，是因为我们感到，社会上有许多公司把本应是结果的营业额和利润当成了目的。

当共享了这种思想的企业和组织提出"起作用"这个大战略时，每一位员工的思考都会发生改变。共享了思想和大战略的组织，不会进行硬件的连锁经营，而会变成能够实现软件连锁经营的自立型组织。

日本人口开始减少，一口气进入了少子高龄化这样一个收缩的时代。在这个收缩的社会里，许多公司会不复存在，仅靠过去的经营手法，将会难以判明什么样的经营或什么样的商业计划才能让公司保持发展。

不过，我们都明白一件事。那就是社会上存在各种问题，人们也面临着各种困扰。因此，良品计画的战略就极为单纯：先从大家都感到困扰的事情和课题着手，尽量让自己起到越来越大的作用。

所以这才称得上大战略。

一旦找到课题和困扰，开始从事"起作用"的工作，就会发现在许多事情上，自己必须进一步提高各种能力，否则就起不到作用。如果大家都不断提高自己的能力，就能实现全体学习。另外我们还学习到：在学习和教育中，相比交钱学习，拿钱学习更容易上手。

各个店铺都以"本土化"的名义参与到这种行动中。目前，我们的行动暂时以日本为中心，但正在扩散到世界各地。在那些对策和概念建设的背景中，就贯彻着"思想"。

我们的目标是：实践大战略，并获得成为世界级高收益企业这个结果。

孕育 MUJI 的话语 5

为了"起作用",要关注哪些方面?

要"起作用",也存在许多方法手段。无印良品主要关注以下六点来让自己起到作用。

①让受伤的地球重生。
②重新认识文明的多样性。
③重新考量对舒适和便利的追求。
④不追求崭新锃亮物品的美学。
⑤重新构筑关系。
⑥好好吃饭、睡觉、行走、清扫。

这些都不是全新的思想,而是短短几十年前,所有人都认为理所当然的事情。然而生活在消费社会的我们,过度在意他人的目光,变得过度贪婪,忘却了上面这些内容。

孕育 MUJI 的话语 6

文化的三角测量

文化人类学家川田顺造老师根据自己在日本、西非旧莫西王国（现为布基纳法索的一部分）、法国等地生活的经验总结出了《人类的地平线》（wedge出版社）这本研究成果。文中把法国称为模型A，日本称为模型B，旧莫西王国称为模型C，刻意不依靠构成各个国家的社会和文化固有名词，对每个模型的导向性特征进行了说明。

从法国提取出的技术文化模型（模型A）以双重的"人类非依存"这一导向性为主要特征。双重构造的人类非依存导向性，首先是指不依存于个人的技巧，而是着重发展道具和装置，让任何人都能保证得到一定程度的好结果。其次是尽量使用人外力量，并尽量获得更大成果。

日本模型（模型B）则以"人类依存"的导向性为特征。首先是使用机能未分化的简单道具，根据人类的技巧进行有效使用并产生多样的结果。其次是为了得到良好的成果，毫不吝惜地注入人的劳动力。

旧莫西王国（模型C）中提取出的基本导向性以"依存中的能动"为特征。

与人力相比，自然之力呈现压倒性的威力。此外，骑兵集团使用同样压倒性的威力进行支配和保护，并由此产生了王权。人们在依存于这两种既存环境的同时,也会能动地进行祈求,希望从中得到结果。它与模型 A 的价值观相比显得较为被动,在技术层面,则具有灵活利用现成之物的特征。

将法国的模型 A 与日本的模型 B 进行比较时,可以将双重人类非依存性与人类依存性的第一种特征具化为十七世纪开始在法国广泛普及的刀、叉、匙三件套餐具和日本自古以来使用的筷子。刀、叉、匙三件套餐具被细分为切、刺、舀三种机能,各自的效率都优于筷子。这些工具使用时不需要特别熟练的技巧,但是准备过程十分繁杂。反过来,筷子作为工具极为简单,却需要长时间训练才能熟练使用。

旧莫西王国的模型 C 带有灵活利用现成之物的价值导向,食物全部用手抓食。但这种导向类型并不仅仅存在于旧莫西王国等西非地区,而是分布在全世界十分广阔的地区。应该说,使用筷子或刀、叉、匙的社会数量更为有限。

用手进食需要一定技巧和规矩,可以将其视为一种"人类工具化"的行为。按照这个思路,模型 A 可以表述为"工具去人类化",模型 B 可以表述为"工具人类化",模型

C可以表述为"人类工具化"。

川田老师的论述还不止这些，我擅自总结一下，归纳成了三组图（见第22页）。

在地球四十六亿年的历史中，大约二十万年前，非洲大陆出现了现代人类的祖先"智人"。后来，智人迁移到各个大陆并定居下来，在自己居住的土地上为了更好的生存和生活而努力，经过一代又一代的长时间积累，便形成了多种多样的文明，一直发展至今。川田老师以东西方文明为例，分析了它们的导向性。如图②所示，各地的气候、食物和生存环境影响了人类的思考方式和宗教观念的形成。再如图③所示，每个地域生活的民族和多样性情况的不同，也影响人们形成了对工作的不同价值观和理念。

具有"工具去人类化"导向的模型A，灵活利用了旋转运动，驾驭水车、风车和大型家畜拉车这些人外工具，这种技术最终延伸到了产业革命，影响了蒸汽机车、机动车甚至大型船舶和飞机的研发。模型B与模型C在对模型A的文明表示惊叹和佩服的同时，开始吸收那种文明。此时，王朝时代和封建制度建立以前本来不属于任何人的土地开始被转换为货币价值，允许财产私有的模型A的制度

① 工具的导向性

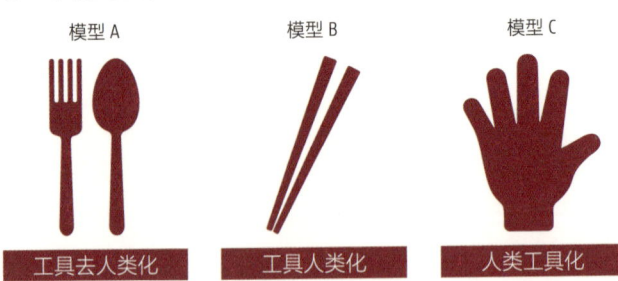

② 导向性产生的背景

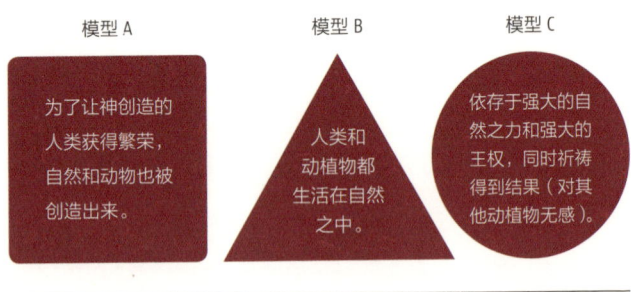

③ 对待工作的价值观

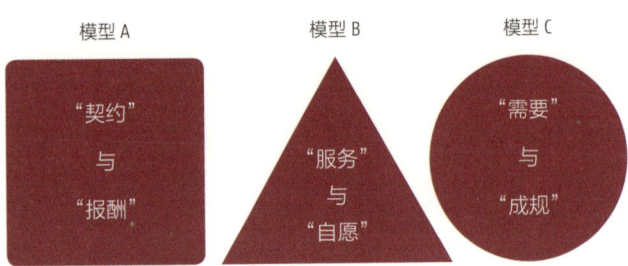

22

也开始被模型 B 和模型 C 的世界借鉴。

我认为，这种现象在现代被称为全球化。川田老师在上述著作的文明比较部分，以这样一段话作为结尾：不把模型 A 的导向性绝对化，同时积极吸收被挤压到次要位置的模型 B 和模型 C 的导向性，从根源上压制造成人类自我家畜化的危害，才能创造地球更美好的未来。

在此之前，我一直在思考"重新认识文明的多样性"这个问题，能遇到如此令我感到共鸣的著作，实在非常幸福。今后，无印良品的活动和生产，必将与《人类的地平线》一书中体现的本质性思考产生更紧密的联系。

孕育 MUJI 的话语 7

我们正把自己变成家畜？

上一节介绍的文化人类学家川田顺造老师提出了"自我家畜化"这一思考，我深有共鸣之感，希望马上与川田老师见面，便约好时间上门拜访，得到了与老师谈话的机会。我们应该是谈了半日有余。其后，我又请川田老师到良品计画进行演讲，还有幸被邀请至川田老师参加的学术研讨会发表讲话，深受老师关照。

我对"自我家畜化"这句话深有共鸣，带着这句话来观察社会，就会发现问题的本质。

所谓"家畜"，现在大部分是指人类以食用为目的饲养的猪、牛、鸡等动物。在这些动物本来拥有的能力中，对人类有益的能力得到发展，无益的能力则渐渐退化。这些被"家畜化"的动物，已经失去了在自然中生存的能力，因此即使回到自然，也无法存活。

实际上人也一样。对当下社会系统有用的能力通过教育得到发展，不怎么有用的东西，包括身体能力、精神要素和心灵样态都在发生退化。川田老师提出，心灵样态的退化正在导致社会和人与人之间关系的变化。

我与川田老师交流那段时间，无印良品的大型店铺举办了名为《摄影家抓拍的昭和儿童》（CREVIS出版社）的摄影集的画板巡回展。

那些六十年前的孩子们在照片中向我们展示了"谦虚、温顺、忍耐、互助、希望"的姿态。与之相对,现在的我们则是"傲慢、好辩、推脱、自我中心、不安",让我深感:"啊!这就是'自我家畜化'!"

六十年前日本的GDP是现在的约五十分之一。现在,经济生活虽然十分富足,可是为何那时那样充满希望的双眼和无忧无虑的笑容不见了,只留下不安和恐惧呢?

在经济开始高速发展的二十世纪六十年代,地区等共同体也正式进入了解体过程。其后随着IT的高速发展和普及,日本社会转化成了新的社会系统。越来越多的人缺乏对他人的关心和考虑,采取内向封闭的生活态度,形成共同体基底伦理的贡献意识和对弱者的同情逐渐稀薄了。

"(人类学)是将风俗习惯这种人人共有,具有一定潜意识性的行动模式作为'定义人的因素'进行思考和研究的学说。"

"笔者曾听说,以前有学校试行过班级饲养肉鸡并供班级成员食用的课程,后来在监护人的反对声中被迫中止。笔者认为，那种课程才至关重要。我们应该打破孩子将食肉与肉类加工过程割裂的意识。让孩子直面自己靠其他生物的生命而生存的现实，在他们心中种下这种自觉，是恢复人与自然关系的第一步。"

"发现自身对地球和他人的傲慢，才是通往希望的道路。"

出处：《朝日新闻》二〇一五年一月四日文章
※ 括号内为编辑部添加内容

"杀鸡解体的工作真的残酷而肮脏吗？从超市购买包装好的鸡肉，全家一起吃鸡肉火锅，真的温柔而干净吗？"

出处：《人类的地平线》，wedge 出版社

这些都是川田顺造老师的论述。

孕育 MUJI 的话语 8

个人、社会、国家都处在同一个循环中
——危机→改革→发展→傲慢→冷漠→依存心→危机——

人类诞生在危机中。刚出生的婴儿无法独自进食和行走，而是要花很长时间学习行走，学习独自寻找食物，学习判断一个地方是否足够安全可供睡眠。为了最大限度减少这种忧虑，人类开始搭建房屋、栽培谷物和蔬菜，发起创新。

那种创新能让人类摆脱危机，获得具有优势的立场。即使遇到足以导致其他动物死亡的气象情况，人类也能支撑过去，继续发展。

可是，习惯了在发达社会中的生活，会让人遗忘自己曾经诞生在危机之中。比如现代，很多人把高度发达和稳定的社会当成常态，并因此产生傲慢。他们不再关心这个社会造成的自然枯竭和生态破坏，以及人类之间的杀戮和少子高龄化问题，陷入了冷漠的境地。随后，他们渐渐形成依存心理，认为保持现状不使其恶化的工作自然会有他人来完成。如此一来，危机就会再度出现。

不仅是人，公司和国家也一样。

孕育 MUJI 的话语 9

是否卖方太弱，买方太强？

一九八三年六月，"無印良品"第一号门店在东京青山开张。当时使用的宣传口号是："我们尽全力提供品性优良的商品，让顾客骄傲地说'这是在無印良品买的'。"

那时，堤清二先生在公司会议上说："我们要重新明确'無印良品是什么'。在明确这个问题之前，可以不用上架新商品。"他对与会全员发出了提问："到底是①合理化、②新生活运动、③确保消费者的自由，还是④时尚、设计感？"然后说："如果概念含糊，無印良品就没有存在的意义。我们的目的是③确保消费者的自由，①②④只是构成要素。（無印良品）是反体制的商品，一旦無印遗忘了自由的确保，表现出强加行为，立刻就会变成有印，变成品牌。"

我还记得，顾问委员会的小池一子女士在同一时期也提到过："走在路上的所有女性都化了妆，涂了口红，那其实是因为现在形成了这么一个社会，强迫那些不喜欢化妆的女性也要化妆。"

另外，在小池女士与电影导演伊丹十三先生的对谈中，还出现过下面这些内容：

小池：很多人都有过这种感觉，在买完一样东西后，开

第一章　创意永远单纯而基础

始疑惑自己一开始为什么买了这个东西。（中略）

伊丹：问题在于，究竟是什么促使我们展开永无止境的消费？（哲学家）伊里奇认为，这是因为我们统一接受了学校的教育。（中略）学校这一制度的出发点，就在于给学生灌输人类永不完整的理念。如此一来，骨子里带着这种认知的人进入消费社会，就会产生自己不完整，还需要房子、需要车、需要冰箱、需要放映机、需要文字处理器、需要高尔夫会员卡、需要健康、需要孩子受教育的想法，从而毫无障碍地以消费者身份融入其中，欢喜地从事实为强制劳动的消费，（中略）真是永远不知足，不管那是什么东西，反正在那个场合下见到的商品就特别想要。

伊丹：消费就像吃花生米一样，不是因为肚子饿了才去吃，而是为了体验吃这个瞬间的快感才去吃，所以无法停下来。因为花生米一旦吃进去，快感就结束了。为了让快感持续，就只能一直吃。所以说，消费也跟吃花生米一样。

出处：《感性时代·西友的创意工作》利布罗出版
※ 括号内为编辑部添加内容

从这段对话中，可以看出一九八三年前后人们对消费社会的问题意识。

三十年过去了，我们把青山一号店改为"Found MUJI"店铺。二〇一一年十一月重新开张时，我做了这样的致辞："三十年前，为了确保消费者的自由，無印良品在这里开张。今天，为了保障生产者，守护各个地区传承的生活文化和造物精神，無印良品（Found MUJI）正式开业。"

这三十年间，消费社会、零售业的定位，以及消费者都发生了很大变化。無印良品既是生产者，又是采购者，同时也是销售者。可是，一旦回到家中，所有人都变成了购买者和使用者。本来，购买者和销售者应该处在对等关系，双方都为彼此的利益考虑，通过物品和服务构筑起一种互助关系。我们销售商品时，听到客人的一句"谢谢"会感到格外高兴，这就是这份工作的乐趣和价值所在。

孕育 MUJI 的话语 10

不谄媚、不傲慢、不强加

各位感觉这样的人如何？这难道不是备受身边之人信赖和喜爱的类型吗？

这句话一直作为无印良品的风格被传承到现在，我也时常会加以思考。我常常自问：能让人一直喜欢，并一直惦记在心里的公司和品牌，到底是什么呢？一直受大家钟爱的艺人又是谁呢？我总能想到高仓健或詹姆斯·迪恩的脸，并认为无印良品也应该努力成为那样的存在。

为此，我们不必刻意带着让客人喜欢并钟爱的目的去行动，而要以无心无为的态度，在每一件商品，每一家店铺，以及对待每一位客人的行动上，体现"无印良品"的风格。公司内部用最澄和尚一千二百年前说过的话对此做出了解释："照于一隅，此则国宝。"[1]

虽说如此，我在家还是常被妻子责备："恣情傲慢，强加于人。"说不定其实在公司也这样，真是不得不小心……

---

1 语出天台宗培养学生的制度法典《山家学生式》，整句为："故古人言：径寸十枚，非是国宝。照于一隅，此则国宝。"原意指十枚能照亮十二乘（一车四马为一乘）的宝珠不是国宝，能照亮世间某个角落（的道心），才是国宝。"径寸十枚"典出《史记·田敬仲完世家》魏惠王与齐威王关于国宝的问答。

孕育 MUJI 的话语 11

自然、无名、简约、地球视野

大约三十年前，我们编撰了一本讲述无印良品根源性思考的书籍，那本书名为《无印之书》。

此书特征在于，里面汇集了无印良品外部人士的话语。正因为如此，这本书才充满了无印良品应该珍视的东西，堪称我的老师。里面的话语和思考极为重要，一度还由公司分发给了所有店铺的店长。

这本书由四个章节组成，标题分别是："自然""无名""简约""地球视野"这些都是无印良品至今仍珍视的关键词。

田中一光先生也深度参与了这本书的制作。

据说，编撰此书时，无印良品曾通过田中先生邀请了各个领域富有才能的人，还发生过这样一件事：大家正在闲聊无印良品的话题，只见田中先生拿起手头的办公用纸，一本正经地分割成了好几小张。他把临时制作的便笺纸发给每一个人，请他们在上面写下由无印良品联想到的话语。

与会者把各自心中想到的话语全都写了出来。后来，田中先生和小池女士把那些话语总结成了四个词，那就是自然、无名、简约、地球视野。

"自然"

这个章节以这样的文字开篇:"首先有自然……人们的衣、食、住皆来自人与自然的关系……"也就是将视角回溯到人类生活的原点,重新审视生活。

书中提到一个现实,就连由先进科技支撑的现代社会,"范本也是自然界",众多恩赐之源仍旧是自然。这同时也反省并暗示了人们在工业化社会获得的便利和富足背后,存在着对自然的破坏。

"无名"

"不知是谁,在何时创造了这样的外形。那些诞生时无人知晓,却一直被使用并钟爱至今的器物和工具……匿名之物的群集……出现了与物品割离的现象。或者可以说,附加价值开始独立出来,使物品渐渐脱离了本来的价值。在冠以名称和符号之前,需要纵观这些诞生自创造热情的匿名设计。"这是该章开篇的话语。

这章以图片形式介绍了木工的工具、厨师的锅、久留米扎染布、美国早期的桶,还列举了柳宗理关于无名设计的话。可以说,这个章节针对在重商环境中发展起来的品牌和设计，敲响了来自無印良品的警钟。

"简约"

法国记者科林·布雷特为本章而作的文章中，有这样一段话："……不断努力，直到获得令自己满意的外形，在过程中产生冗余，并努力除去冗余。当那种'简约'的物品诞生之时，创造它的努力和心意不会消失，而是留在物品的影子里。"本章介绍了和式房间与包袱皮这些日本的简约之物，还介绍了柯布西耶和包豪斯这些西方的简约运动，提出真正的简约才充满普适性，乃是创造的一种终极形式。可以说，简约并不是目的和风格，而是一种结果的形式。

"地球视野"

这章的主旨在于：当我们以無印良品的目光去看待世界时，将会看到无限的可能性。本书结尾刊登了中泽新一先生的文章，名为《边界的知性体》。那或许可以称为对無印良品的鼓舞之词。

直到现在，每当我看到这本书中体现的無印良品眼中的世界时，仍会想到"無印良品"四个字的含义和类似思想的东西。当然，仅凭这四个关键词无法完全概括"無印良品"，但我认为，它们可以算作骨骼。

第二章　生活更美好，社会就更好

——经济不是目的而是手段，目的是感觉良好的生活

孕育 MUJI 的话语 12

上一次凝望月亮出神,是什么时候?

我听说过这么一件事：一个居住在养老院的男性，有一天在院内行走，不慎跌倒造成骨折。平时很少过来探视的儿子与儿媳匆忙赶到，怒骂养老院工作人员："为什么让我老爸走路！"因为不走路就不会摔倒，不摔倒也就不会骨折了。

那位老父亲该怎么做？工作人员该怎么做？儿子和儿媳心里究竟是怎么想的？

就算不这么极端，同样的事情还是随处可见。人们把自己和其他事物切割开来，很少会考虑到有哪些事物跟自己相关联，甚至有着一体化的联系。

如此一来，人们就会在不知不觉间把自己家畜化。为了从中得到解放，可以尝试做一些平时遗忘了、自己却很喜欢的事情。

比如凝望月亮出神，赤脚在土地上奔跑。

那种一文不值的行为，其实对我们现代人的生活来说极为重要。

当今社会变得极为便利，如果对比中古时期，我们所有人都相当于过着国王一样的生活。超市里汇集了来自世界各地的食材，走出大楼没几步就能坐上电车、巴士和计程车，城市彻夜灯火通明，便利店通宵营业。

与此同时，我也感到一种恐慌：人类原本的生活、生存的喜悦，甚至生存的动力，是不是正从我们的生活中一点点消失？面临人生百年的时代，我们都想让自己的生活朝着更美好的方向发展。

一天至少想走八千步啊。我们都切实感觉到行走是健康的基本。为了健康，还要重视饮食。如今，不知食用者是谁，也不去考虑这个问题的食品流通系统已经遍及全球。基于这个系统的农业，比起安全美味，会更优先考虑单位面积的收获量。然而对食物来说，最重要的就是地区之内面对面接触的流通关系，人们都想吃到安全美味、精心培育的食材。

睡觉时，我们都想得到香甜的睡眠。

针对精神卫生方面，可以尝试从事除草、打扫等需要亲手劳作、内容单纯而成果显著的活动。如果每个人都能那样生活，让自己的生活变得更美好，就能抑制过度的能源消费和日益膨胀的医疗费用，从而得到良好结果。

当今社会的全球化市场竞争激烈，凡事以经济优先。人们虽然生活富足，内心却充满不安。我认为，可以尝试在生活中寻回与自然和四季的联系,以及不依赖便利机器和社会系统的自立时间。这对个人和社会来说,可能都很重要。

孕育 MUJI 的话语 13

不言"富足",只求"感觉良好的生活"

东日本大地震过后，良品计画八层楼高的总部拆掉了许多荧光灯，连电梯也停用了一段时间[1]。尽管如此，公司内部并没有出现怨言。虽然办公室比以前光线暗了很多，大家都说"用来工作足够了"。很多人爬楼梯上来气喘吁吁，还是会说"这样有益健康啊"。如果减少荧光灯数量、暂时停用电梯的目的是削减经费，想必办公室里立刻就会怨声载道。

二〇一一年三月十一日之后，员工们在灯光不明亮的办公大楼里，爬楼梯上下，但都不以为苦。因为在大家遇到难处，而自己也参与其中共同面对时，人就会产生一种积极向上的心情。那是一种"良好的感觉"。既不是"富足"，也不是"好"，而是"感觉良好"。

说到富足，给人的感觉就是相比精神上的东西，更加重视物质上的东西。好虽好，但更偏向物质，以方便和舒适为中心。

于是，我决定把我们追求的生活称作"感觉良好的生活"。

---

[1] 东日本大地震过后，日本出现用电困难问题，各行各业都提倡节约用电，故有此举。下文提到的三月十一日为地震发生日期。

孕育 MUJI 的话语 14

全球市场经济是否走得太远？

现在，整个世界都被囊括在全球市场经济中。"钱"瞬间就能流通全球，人们都期望"钱"能生"钱"，无论是个人、企业还是国家，都被卷入了永无休止的竞争中。在全球市场竞争这个机制下，人们不断受到压迫。

与此同时，社会失去了人与人之间的关爱，变成了"监视"的社会。在IT和数字化媒体的虎视眈眈下，越来越多的人盯紧别人微小的失态，一哄而上揶揄嘲讽，口诛笔伐，将其逼至绝路而后快。

为了阻止这种现象的滋长，寻回一度失去的东西，能否通过重振人们面对面的关系来实现这一目标呢？

建立起这种关系，伦理和道德也会随之成立。

现在，世界被过度的市场竞争和不宽容的信息社会所笼罩，我们需要做的，应该是努力在日常生活中形成"自然与人""人与人""人与社会"的关系。从这个意义来说，现在的零售业就肩负了协助"关系"形成的使命。

孕育 MUJI 的话语 15

重新审视生活的"富足"

乌拉圭前总统何塞·穆希卡在二〇一二年巴西里约热内卢召开的国际会议上发表了这样的讲话：

现在的文明是我们创造的文明。我们为了得到更方便和更优质的东西，进行了许多创造。为此，世界也实现了令人震惊的发展。

可是，我们也因此创造了这样一个社会：制造大量产品卖掉赚钱，用赚到的钱购买想要的东西，然后有了更多想要的东西，再用更多钱去买来。

现在，全世界遍布着买卖物品的地方。我们为了尽量压低成本，尽量提高售价，开始审视整个世界，寻找什么样的国家、什么样的人群最适合利用。

我们是巧妙运用了那种机制？还是反被那种机制玩弄在股掌之中？

我们处在这样一个世界：为了比别人更富足，不惜展开毫不留情的竞争。在这样的环境里，我们是否还能说出"万众一心，共同努力"这种话？本来应该每个人都拥有的，对家人、朋友和他人的关怀，现在又到哪里去了？

（中略）

我并不是提议人类回到穴居时代，也不是提议创造逆转时代的工具。

我只是认为，我们不能再保持现在的生活方式，而要去寻找一种更好的生活方式。我们必须重新思考，让生活方式保持现状，真的好吗？这才是我想表达的意思。

古代哲人伊壁鸠鲁和塞内卡，以及艾马拉民族都说过这样一句话：

"所谓贫穷，并非所得过少，而是欲求过多，永不餍足。"

这句话告诉我们，究竟什么才对人类最重要。

> 出处：《世界最穷总统的演讲》，草场吉见编著、中川学绘，汐文社[1]

穆希卡号称世界最穷的总统。我看到他坐在破旧大众甲壳虫里露出笑脸的照片，一下就喜欢上了这个人。据说，在里约热内卢召开的那场会议，他这个小国乌拉圭的总统

---

1 中译版：《全世界最穷的总统爷爷来演讲！》，王志庚译，光明日报出版社。

最后一个演讲,上场时大厅里已经几乎看不见人了。尽管国家规模和实力决定话语权和关注程度的社会结构不曾动摇,但他在摄像机前层层揭露的本质,却传递给了全世界的人。这位总统说:"不要只关注政治和经济,要去关注每个人的意识和生活。"他的思想与我不谋而合,让我十分高兴,并从中得到了勇气。

孕育 MUJI 的话语 16

在新的价值观下重新审视生活

东京大学名誉教授月尾嘉男老师在接受《日本经济新闻》采访时，说了以下这番话：

在原住民族的世界，土地为大家共有。生活在蒙古干燥地带的游牧民族喀尔喀蒙古族只在能够保持草原环境的前提下定量饲养家畜，一直过了两千年的畜牧生活。在南侧的中国内蒙古自治区，由于土地被汉族分割，牧民过度牧羊，仅仅几十年就让草原退化成了荒漠。

二十世纪二十年代，建筑领域开始流行国际风格。这种风格强调全世界使用统一的建筑样式，还反映到了饮食和服装等生活层面，使同质化的风潮大为流行。这么做固然方便舒适，但它以大量生产和大量消费为前提，成了环境等一系列问题的诱因。（后略）

文明社会的日常生活会给环境造成极大负担，甚至可以称为浪费的生活。人类步行速度是时速四千米，汽车则能以八十千米左右的时速行驶，是人的二十倍。然而，人行走一千米所需的能量为四十几千卡，汽车行驶一千米所需的能量，换算过来则相当于八百六十千卡，也是人的二十倍。人们用巨大的能量消耗换来了方便，还为此修筑水坝、采掘资源、改造自然，这就成了全球环境问题的主要成因。

想必很多人会说，尽管如此，要我们一下改变生活习惯也不太可能。那是因为，我们还没有被逼到绝路上。两年前的夏天，由于福岛第一核电站发生事故导致供电不足时，我们就把高峰用电量减少了百分之十八。这个例子证明，其实只要稍微拧一拧抹布，就有可能实现很大的变化。

西欧进步史观认为，社会将随着时间推移不断进步。但那是建立在无限的资源与环境基础之上的说法，而现实中，资源和环境都是有限的。现在，我们应该开始重新审视一味追求扩张的"进步史观信仰"了。

我们应该在新的价值观下重新审视生活。实现经济的触底反弹虽然困难，但可以将战略转向新的目标，努力实现社会的触底反弹。处在这个收缩的时代，我想提出跟以前的价值观不同的、以幸福为尺度的生活概念。

出处：《日本经济新闻》二〇一三年一月十二日晚报文章《富足的触底反弹，采访月尾嘉男先生》

月尾老师的文章谈到了许多人类根源和本质的东西，总能让我产生共鸣。他介绍了绳文时代人们的生活情况，让我获益匪浅。还指出人类作为一种生物，现在对人类活动和文明产生了过度的依赖，为我们敲响了警钟，也让我从中感受到了無印良品的风格。

上一节穆希卡总统的演讲和这一节月尾老师的话，都让我受到了很大激励，获得了许多勇气。

身为一个经营者，我在与经济界人士和涉足股市的人谈论無印良品的思考和大战略时，经常会得到不理解的反应，让我产生一种孤独感。相反，各个企业的年轻职员和在校学生听我讲话时，眼神里都会绽放出光彩，与我产生共鸣。莫非这就是自我家畜化程度不同所体现出的差异吗？

孕育 MUJI 的话语 17

一切始于"消费社会的反命题"

现代社会是消费社会。

一切东西都被视为消费对象，无法成为消费对象的东西，就被视作毫无价值。这就是消费社会。消费社会现象产生于生产力出现剩余之时，早在十六世纪，部分上层阶级中就已经开始出现这种现象。

消费社会的生产力非常发达，产品全部由消费者来接纳并使用。人们甚至生产出不必要的物品，让消费者来购买。最后就变成了必须设法让消费者购买。要让消费者产生一种心理，认为不拥有那个东西，就显得自己"不上道"……然后，营销就算成功了。

我在想，这真的对消费者有益吗？

现代的消费社会，有三大要素正在日渐强化，那就是"块茎化"（让消费者难以分辨物品是否存在使用价值）、"摆件化"（让消费者对一些没有使用价值的物品产生心理依赖）、"快消化"（强调流行和廉价，诱发冲动消费）。

無印良品最初是作为"消费社会的反命题"而产生的。

二〇〇二年一月，田中一光先生溘然长逝，堤清二先生在报纸上发表了这样的悼念文章：

当我们意识到消费社会的变质，聚集起来商讨商品对策时，首先想到的就是"無印"这个概念。我们身边充斥着仅靠价格决定胜负的商品，人们又一味关注冠上品牌名称就能高价销售的外国商品，无论是生活风格还是衣着风格都处在极为混乱的状态。为体现对这种状态的批判，我们又在"無印"的概念后添加了"良品"二字。由此就诞生了反体制的商品。聚集在田中一光身边的人们深入参与了这个乍一看有可能被理解为自我否定的项目，让"無印"这场运动在小池一子构思的著名广告词"爱无需装饰。""有理由的低价。"的推动下，普及到日本主要城市，并进一步扩散到了欧洲。

出处：《朝日新闻》二〇〇二年一月十五日晚报

此外，堤先生又在后来的采访中解释了"反体制"的思考："首先，是对美国式消费生活，也就是追求方便、浪费和奢侈的体制做出反抗。其次，是对追求时尚的体制做出反抗。"（《朝日新闻》二〇一三年二月二十五日）此外，还要加上"对差异化消费、追求品牌和设计师的诱导式消费体制作出反抗"。

无印良品从何而来，其中如同宪法一般不可改变的东西究竟是什么？我认为，就是最初向客人保证的这些精神。

孕育 MUJI 的话语 18

堤清二先生说,"人的逻辑比资本的逻辑更重要"

这是堤清二先生在一九八六年前后谈到的内容。

公司内部曾经分发过一份资料,是围绕"西武流通集团的经营理念"这一主题,以对谈形式采访堤先生并编辑而成的系列资料。其中,采访者提出:"(堤会长)认为流通业是位于资本逻辑与人本逻辑之间的边缘产业,据说其关键在于如何协调两者的关系?"针对这一疑问,堤先生做出了以下回答:

然而从资本的逻辑来看,资本的本质是利用现有资本尽量获得更高利润,从而不断扩张,所以无论如何都会遇到与这个逻辑相矛盾的情况。这虽然是一种本质性矛盾,可是产业史上出现过这种情况:根据产业成熟程度,那种矛盾可能非但不出现,反而构成了成长要素,被资本的自我增值本能所利用,因此跟让生活变得更方便、让物品变得更容易生产的需求趋于一致,从而进入蜜月时代。(中略)然而,一旦跨越了某个成熟阶段,潜在的矛盾就会浮出表面,表现为资本的逻辑与人的逻辑,甚至资本的逻辑与个体多样性逻辑的对立。

在零售领域进行观察，就会发现那个变化非常之快。二十世纪六十年代初期，"适应大量生产的大量流通"系统尚未确立。当时的人认为，这是产业结构缺乏一贯性的缺陷，应该确立适应大量生产的大量流通体系，这种观念与现在完全相反。后来人们给出的答案，就是连锁商店以及量贩店。换言之，这种所谓流通革命的逻辑，在一九六〇年到七十年代中期一直都占有一定地位。从历史事实来说，一直到第一次石油危机（一九七三年）时，流通革命论都在一定范围内拥有比较高的社会地位。

这就陷入了一个矛盾：为了迎合个体多样性，最后得到了价格升高的结果。为了回应求质之人的逻辑，结果不得不抵触求量之人的逻辑。于是，就要摸索到追求个体多样性的同时，又不使零售价格上升的方法，（中略）重新分析商品的价格结构，研究一个商品的价格由哪几方面组成，进一步对材料费、加工费、物流费、宣传费加以分析，然后创造出与消费者直接讨论的系统（商品科学研究所）。（中略）例如香菇，以前市面上销售的产品全都大小统一，其实没有必要那样。就算碎成了一块一块，只要能烹调出香菇的味道即可。如此一来，只要弄清楚那是大分县哪个农场的香菇，我们就会收购回来。日本农场出品的香菇，破损和个体过小的数量基本占到整个农场香菇产量的一半左右。为了保证商品美观，这些残次品一般会被丢弃掉。于是我们就请农场不要丢弃那些香菇，而以"某农场正品香菇"的名义，推出了价格只有普通香菇一半的商品。

出处：《西武流通集团的经营理念》※括号内为编辑部添加内容

在日本的家庭普遍物质充足、消费者开始追求个体多样性的时代，我们不能再拘泥于仅仅追求廉价的资本的逻辑，而要追求在迎合个体多样性的同时又不使价格上升的人的逻辑。如此一来，"無印"的概念就浮现出来了。"'良品'怎么样?""那种名称会不会过于霸道?""但'無印品'也不太好啊"——堤先生和田中一光先生经过一番讨论后，在"無印"的立场上，添加了"良品"的价值观。

孕育 MUJI 的话语 19

来自传统与沉默之间

接下来引用的文章，是堤清二先生为田中一光先生的作品集《田中一光的设计》所写的《来自传统与沉默的鸿沟中》其中一节：

我在哥本哈根看到了墨绳，看到了锻刀用的风箱，还有蒸笼、笔笼和草帽。

（中略）

"曾经构成日本艺术根基的'单纯'，是立足于某种精神主义的无限之物。那种思想为了容纳难以注入形象中的精神性，舍弃了一切冗余，割除了所有累赘。"

田中一光写了这样一段话，而这段话，正表达了他的创作方法和看待事物的角度。

他创造的空间，通过对日常形象的磨砺，意图在沉默中做出众多表达。无论色彩多么深沉，他的作品永远伴随着透明感，在那种形式中，始终存在着对朴素之物的乡愁。奇怪的是，如今人们仿佛已经忘却，艺术创造的核心并非创作者的表达，而是让设计成为对象，引发众人的表达。

出处：《田中一光的设计》骎骎堂出版
©Ikko Tanaka / licensed by DNPartcom

堤先生写下这篇文章的时间是一九六七年。而二十世纪六十年代的日本，正处在美国消费文化占据主要地位、经济高速增长进入狂热状态的时期。

文中论述的对象是"单纯"，所谓单纯，就是在长年累月的使用中，逐渐削去不必要的部分，只留下美好姿态的物品之形。这种形式与其说是机能美，不如称其为生活智慧绽放的光彩。田中先生从中领会到了劳动与物资交融产生的思想性与精神性。

又过了许多年，在九十年代的谈话中，田中先生还说过："伐木的斧头之所以外形优美，是因为它在几百年的时光中，经过无名工匠们不断改良，最终形成了这种外形之美。"田中先生思考的不是从设计表现形式中体现出的现代主义或后现代主义等时代潮流观点，而是"单纯"的诞生过程。

此外，包豪斯之后，与曾经的夸饰风潮相对，走向机械化和量产化的设计之"单纯化"有可能演变为"单调化"。田中先生的那番话又像在探讨这种担忧，并点出了"单纯"是"立足于精神主义的"。

他的观点在企业经营者堤清二先生那里得到了深刻的

理解和共鸣，可以说，其结果就是一九八〇年"無印良品"的诞生。通过这篇文章可以看出，在六十年代，虽然两人意识中的無印良品尚没有名字，但已经存在了。

孕育 MUJI 的话语 20

不求"这样才好",只求"这样就好"

这是二〇〇三年春天以無印良品的名义发出的企业信息。

原研哉先生和深泽直人先生等人花费大约一年时间探讨了無印良品的思想和定位，其间，深泽先生曾低声说过这样一句话："無印良品，是否就是让人感觉'这样就好'的概念呢。"后来，这些不断积累下来的想法，由刚出任無印良品艺术总监一年的原先生，用一篇简洁的文章配合乌尤尼盐湖的大视觉照片进行了表达。这篇文章获得了当年的"东京 ADC 大奖"。

全世界的人都在强调自我。"我们的国家""我们的宗教""我们的民族""我们的领土"。如果所有人都用自身的主张相互碰撞，世界将无法持续下去。

不是"这样才不错"，而是"这样就可以"。今后的世界更需要"这样就好"的理性满足和让步之心。而無印良品就把这种精神附加在自身追求的生活和创造中，进行了表达。

無印良品的未來

無印良品不是品牌。無印良品不將個性與流行做成商品,也不會把商標的人氣反映在價格上。無印良品堅持從洞察地球規模消費之未來的視角來創造商品。那種創造並不是誘導消費者產生"這樣才好"、"必須這樣"這種帶有強烈嗜好傾向的創造。無印良品的目標是令顧客擁有並非"這樣才好",而是"這樣就好"的理性的滿足感。換言之,不是"這樣才不錯",而是"這樣就可以"。

然而"這樣就好"也有標準。無印良品的目標是盡量提高這一標準。"這樣才好"裡面含有輕微的利己主義和不協調,而"這樣就好"則是包含了內斂和讓步的理性。同時,"這樣就好"中或許也存在妥協讓步或小小的不滿足。因此,提升"這樣就好"的標準,就能撫平裡面存在的妥協讓步或小小的不滿足。我們要創造這樣的層面,實現明確而充滿自信的"這樣就好"。這就是無印良品的願景。我們以此為目標,對多達五千件商品進行徹底打磨,不斷實現全新的無印良品的品質。

無印良品的商品特徵在於簡潔。高度合理化的生產工序中誕生的產品非常簡單,但這並不是極簡主義的風格。無印良品就像一個空的容器。簡言之,正因為它單純且空白,才能容納所有人的想法,從而生出終極的自在性。省資源、低價格、簡約、匿名性、崇尚自然……我們的產品受到了各種各樣的評價。無印良品希望能夠不偏向任何一方,同時又直面所有。

正如許多人所指出的,讓地球和人類未來蒙上陰影的環境問題已經跨過了意識改革和啟蒙的

MUJI
無印良品

阶段，进入了需要探讨如何在日常生活中实践更有效对策的阶段。此外，文明冲突已经成为当今世界的一大问题，而一直以来由自由经济所保障的利益追求也面临极限，加之文化的独自性也显示出了单靠主张它是无法与世界共存的状态。今后人类世界所需要的将不再是利益的独占和个体文化价值观的优先，而是纵观世界、抑制利己的理性。若将来这种价值观不成为世界的动力，这个世界恐怕会难以为继。现代人的心中，或许已经产生了这种思考和内敛的行动。

　　1980年诞生的無印良品从一开始就直面这种意识。那个面向未来的姿态从未发生过改变。

　　现在，我们生活中的商品呈现两极分化的趋势。一类商品突出新奇的材质用途和惹眼的造型，以独特性作为竞争力。这类商品强调稀有性，依托品牌获得高度评价，面向的是能够接受高价格的偏好者人群。另一类商品则将价格压低到极限，使用最廉价的材质，极力简化生产工序，并选择劳动力价格低廉的国家进行生产。

　　無印良品不属于任何一种。当初我们以"无设计"为目标，但又学习到省略创造性并不能得到优秀的产品。于是，無印良品在摸索最合适的材质、生产方法和形态的同时，也把"素"定为了终极的设计目标。

　　另外，無印良品也不把低价作为唯一目标。我们会彻底省略多余的工序，但也会参考并吸收丰富的素材和加工技术。换言之，我们要实现的是多样化的低成本，以及最合理的低价格带。

　　無印良品希望能够通过这样的商品，成为指南针，永远提示生活中的"基本"和"普遍"。

第三章　無印良品的創造方法

——初始（Ⅰ）·现在（Ⅱ）·未来（Ⅲ）

孕育 MUJI 的话语 21

哪里体现了無印良品?

良品计画有个"商品探讨会"。商品部成员要拿出已经开发完成,准备下个季度发售的商品样品向管理层和相关部门进行介绍,然后大家一起探讨商品的销售价格、产量、发售时间、卖场布置和促销宣传方式等内容。

我在这个会上,要听取每一种商品的开发意图和背景,以及它的制造过程。这种时候,我偶尔会提出一个问题,希望全体人员都去注意和思考。那个问题就是:"它哪里体现了無印良品?"

对商品部的员工来说,这句话极为吓人。一旦听到,他们的表情可能会瞬间僵硬,冒出一头大汗,似乎想说点什么,一开始却什么都说不出来,只能拼命在脑子里搜索话语,但由于一时慌了神,脑子根本转不过弯来,最后只能嘴巴一开一合。所以说,这句话真的很可怕。

我为何能描写得如此细致呢?因为大约二十年前,我也以商品部成员的身份参加过这个商品探讨会(当时称为决策会),向田中一光先生、小池一子女士和杉本贵志先生等顾问委员会成员介绍商品。当时杉本贵志先生就对我说了这句话,让我紧张得脑子一片空白。

我首先想到的回答,是"我把它变简约了"。然而这个回答显然会牵出另一个疑问,就是"为何简约就能体现无印良品?"于是我就没敢说出那个回答,而是惊慌地思索着别的开场白。

还有一件年代久远的事。当时日本有一种商品很畅销,那就是花纹布制成的电话机罩和门把套。有一个商品部成员就把花纹布换成了原色布,开发成一种新商品。顾问委员会看到那件商品后,惊讶得一阵沉默,连那个杀手锏一样的问题都没能问出来。

言归正传。提出这个问题的人,其实是想知道商品开发的思考和过程——想象一个感觉良好的生活,在其中发挥作用的东西拥有什么样的价值观;为了保证品质,实现合理价格,如何去看待素材,如何审视工序;包括外包装在内,如何做到省资源、省能源、省零件;等等。商品开发的各个阶段如何减少浪费,如何做出能够成为生活素材的良品,以及这个视角是否能让生活者接纳并产生共鸣,这些才是最重要的。

在良品计画,"做什么商品"的视角与生活和价值观直接关联。因为有的商品我们会刻意不去做,所以希望做出来的商品都要有一定说法,让它成为感觉良好的生活中的必需品。我希望我们永远铭记这个原点，不被市场上畅销或最近流行的东西所左右，时刻带着勇气和信念，去琢磨"创造"这件事。

有时，人难免会落入这些陷阱里。如此一来，客人就会在店铺卖场低声嘀咕："这是什么？一点都不像无印！"在完全相反的情况下，客人就会高兴地大声说："无印果然有这个！"由此可见，顾客心中也渐渐共有了一种概念，能分辨出"像无印"和"这不是无印"的感觉。

曾经，我跟一位英国设计师走在伦敦街头，他指着一座楼对我说："那座楼很有MUJI的感觉。"还有一次，一位中国设计师拿了一件作品对我说："我一直找不到心仪的笔，就自己设计了一套，想把它做成商品。结果拿给朋友看，朋友都说'好像MUJI'。能把这套笔做成MUJI的商品吗？"

"像MUJI""不像MUJI"。这种"风格"的概念已经扩散到全世界，让我非常高兴。只不过，想和做还是有很大的差别。"什么才是好东西"，要回答这个问题似乎很简单，实则很难，我们只能不断探索。

孕育 MUJI 的话语 22

用简化和省略创造魅力（I）

"有理由的低价。""鲑鱼全身都是鲑鱼。""爱无需装饰。"这些无印良品初期阶段的广告词,都体现了小池一子女士直率而卓越的想法。这些广告词与平面图整体的印象相配合,让无印良品的商品群试图表达的想法,深深刺中了感受力强的生活者。

与此同时,这些话语还让公司内的商品开发负责人清楚理解了之前一直很模糊的"无印良品的表达"。于是,小池一子女士的广告词就跟获得灵感的商品开发负责人相互呼应,让无印良品的商品领域开始扩大。

无印良品成长的方程式也与一般的理念相反,从一开始就坚信世上存在"最好的生活者",并把这个人群定为目标,专门创造这些"最好的生活者"可能会选择的商品。完全不采取增加顾客数量或扩大客户群体的手段,只针对"最好的生活者"这个客户群,制定了不断扩大商品领域、增加开店地区的战略。

这段时间的无印良品的理念也被称为"负的美学"。本节将在下面详细介绍,我们通过简化和省略,提示了什么样的魅力和价值观。

①商品价值的转换

无印良品在限定商品功能、排除一切多余附加价值的基础上，对物品的本质价值进行了再定义。

自行车就是一个典型例子。有段时间连儿童自行车都装上了十段变速器、方向指示器和车速表等仪器，而成人自行车中则越来越流行所谓的"时尚自行车"。

不过，当我们把自行车视为代步工具时，就不需要用到这么多的附属品。不骑车去购物的人用不到车筐；不在雨天骑车的人用不到挡泥板；只要日常路途中没有非常陡的坡，也不会骑车去旅行，就不需要变速装置。

换言之，构成自行车的必要组件，只有车体、车铃和反光镜而已。只要意识到这点，就会发现一直以来被认为是自行车的东西，其实是自行车"+α"。而且那个"+α"本质上不一定是好的，反倒可以称为"多管闲事"。真正好的"+α"，对每个用户来说都不一样，因此可以通过附属品另售的方式，把"+α"的优化选择权交给顾客。

除了自行车，这种"本体＋配件"的组合，还可以应用在被褥、坐垫、沙发和床铺上。

另举一个包装简化的例子，那就是盛装液体的容器的统一。

家务必备的洗涤剂和柔顺剂，在明确区分标签的前提下，用统一的容器来盛装，可以降低成本，并且收纳起来更为整齐。于是，我们就使用了空白再生纸标签，让用户自行填写内容。

另外，我们还去掉了鱼糕底下的托盘，省略了让连裤袜商品外形更美观的高温整烫工序；精简了香菇筛选工序，把破碎或大小不符合规格，但不影响本身价值的香菇作为商品销售；还将半漂纸巾直接做成商品，减去了增白的工序。纸巾这种产品通常是一盒装几百张，以五盒为一组出售。無印良品则把几百张纸巾单独打包，以五包为一组，再搭配一个需要自己组装的再生纸工艺外盒进行销售。

随着时代变迁，购买方的意识渐渐从"只求便宜不管品质"转变为"如果品质好，价格略高也接受"。只是，许多厂商把"品质好价格高"与"附加价值多所以价格高"等同起来了。在这种环境下，無印良品开始思考那些附加价值是否真正有益，否定了"附加价值多所以价格高"这种制造商所理解的商品价值，转而提示了"没有附加价值所以便宜"的价值转向。

②要省略，也要优先实用性

我认为，与其让一种商品实现多种功能，不如令它能够充分发挥本来的功能，这样才算真正具有实用性。

例如，酒店毛毯、工业容器和特殊材料。这些以工业用品转向家庭用品的视角创造的商品，即使目的是家庭使用，也重视了保暖性和储存功能，同时因为是工业设计，丝毫不存在普通家庭用品"为了畅销而添加的附加价值和装饰"，保持着半成品的性格。

無印良品有很多半成品设计，比如没有涂装的木制品、天然色的布料、只有本体的自行车。这些商品都预留了用户购买后亲手加工的空间，能够让使用者发挥自己的个性。这也是对制造商为了竞争和占领市场份额，不断推崇全自动化和多功能化，让附加价值成为脱缰野马的一种批判。

除去一切冗余，让商品变得像半成品，还能产生"让不想引人注目的东西变低调"的效果。再生纸做的蟑螂盒、笔记本和纸巾盒，去掉流行图案的易拉罐收集箱等便是典型的例子。以前，厂商为了让自己的产品在店里比任何东西都吸引眼球，添加了各种设计，反倒给人们的生活带来不便。无印良品的这种做法，应该算是一点贡献吧。

③从光洁锃亮到亲肤感觉

不管是标签还是商品本身，从一开始，再生纸就是无印良品的门面。田中一光先生设计的深红色与再生纸，作为无印良品的基调，直到四十年后的今天仍未失色。再生纸发黄粗糙的感觉被大量应用在无印良品的商品模样与店铺空间设计、背景音乐和海报等元素上，营造了统一的氛围。这些都是以田中一光先生为中心的顾问委员会的团队实力与创造力的产物。染色、覆膜、过塑、烫金、仿材质工艺已经充斥了大街小巷，渗透到人们的生活中。置身于在经济高速增长期被视作"富足"并受到追捧的"光洁锃亮"的都市中，人们不知不觉已经感到了疲劳。对这些人来说，发黄的颜色、无人工着色、天然、生涩、粗粝、不整齐、歪斜的印象反倒充满新鲜感，并且让人怀念。那种亲肤感觉会令人下意识地感到舒适安心。

无意中走进"无印良品"的店铺，就像误入了陌生城市的市场。这里流淌着安静的音乐，货架上以一种毫不谄媚的方式摆满了发黄、手感粗粝的商品。进入店中的顾客能读到标签上介绍商品来历和价值的文字,产生"原来如此""跟以前的商品知识不太一样"的想法,并对不同于超市大甩卖的低廉价格露出笑容,最后满意而归。

换言之,我们用生活者的视角重新审视了传统销售者创造的"商品+α"这一常识,通过简化和省略,发现了能够创造魅力的、本质性的"商品-α"。

在为商品命名时,我们也会注意不强加。比如"附脚床垫"这款产品,我们设计的四脚高度使它不仅能用作床铺,还能用作沙发。一旦把它命名为"××床",就会有强加用法之嫌,因此我们使用了"附脚床垫"这个名称。上文提到的易拉罐收集箱,也没有刻意命名为"垃圾箱",而是称作"易拉罐大·小"。

在一切层面以购买方逻辑为优先的商品,就是无性别、无年龄、无群集的商品。销售方不会强加用法,在保证购买方自由的同时,又不使商品丧失作为生活素材的立场。正因为如此,这些商品才会根据使用者的不同而或焕发活力,或暗淡无光。我们对顾客的选择,只存在于这个意义层面上。

　　直到现在，无印良品依旧以"用简化和省略创造魅力"为基本宗旨，但在流通技术和业态不断进化的现实中，我们还是会根据时代特色来改变商品开发的方法，以及调整对某些主题关注度的强弱。

孕育 MUJI 的话语 23

先对自己营销

"先对自己营销",这是我们做商品开发的最基本步骤。

其实很简单。商品开发是基于"让适于自身的生活变得更美好"这个愿望,那不是什么特别的东西,就是思考自己的日常。并没有人要求我们开发飞到火星的火箭,或是让人变聪明的灵药。

不过,世界上生活着许多人,他们的收入、爱好、年龄、家族成员、价值观和喜欢的颜色都各不相同,如果过分拘泥这些,"让适于自身的生活变得更美好",也就变得比较困难了。或许,造火箭还更简单一些。

所以无须把问题复杂化,只要"对自己营销"就好了。无印良品的商品开发之所以"轻松",是因为我们需要追求的价值观和生活就摆在那里。同理,百元店的商品开发也很简单,只要思考如何把自己看到的、自己想要的东西全都卖到一百日元即可。实现想法的过程和营销策略应该很难,不过单讲开发视角,则很好理解。

无印良品的清洁用品系列已经有了很大成长,发展成我们的主力产品。其实,这个系列一开始只是一把木柄棕榈毛扫帚而已。当时的售价应该是三百日元左右。那把扫帚用着用着就会掉毛,而且因为平时都把扫帚立着放,还会把棕榈毛压弯，最后就只能扔掉了。与之相对，木柄倒是非常结实，固定木柄和扫帚头的三角形铁板和铁丝又很牢固，总有点舍不得就这么扔了。

"如果能更换扫帚头就好了……"这就是一切的开端。只更换易磨损部件的创意，后来发展成了不同用途和功能的替换头，最后便诞生了现在的这个系列产品。

無印良品最具代表性的商品群——收纳用品全都进行了模块化处理（在一定规则的基础上设计各种商品尺寸）。

模块化的契机在于，我有一回买了几个收纳箱，自认为可以放进家中的无印良品架子上，可是实际一放却发现两者尺寸并不匹配。我想每层横放三个收纳盒，结果超出了两厘米，于是只能放下两个。面对白白浪费掉的空间和一个塞不进去的收纳箱，我内心感到十分郁闷。这件事过后，我就着手展开模块化工作，从笔记本和汤匙，到收纳T恤的箱子，再到放置收纳箱的架子，以及配合了架子大小的冰箱和微波炉，甚至将所有这些包容在内的房子，都进行了模块化处理。

"做减法的设计"是指站在生活者的视角，不断去除制造卖点的装饰、冗余和过剩的要素。从结果来说，那就会使商品变成没有特征、"像水和空气一般"的性格。我到各个国家去，都有人会问："为什么MUJI能在偏好性不同的国家销售一样的商品？"我的回答是：因为我们卖的是"水"。原研哉先生曾经说过一段话，很好地表述了这个"水"的概念。

"我希望無印良品能够像水一样。水是平和的，不可或缺的，时刻陪伴在人左右，提供休憩与润泽的东西。它不像酒那样灿烂，不像香水那样迷人，可是它一直保持纯粹，一直让所有人得到普遍的安康。平和的水经年累月也能改变山的形状，有时还会成为强大的自然之力，足以粉碎岩石。它拥有如此力量，却始终悠然闲适，遍及世界每个角落，来到人们需要它的地方。所以我希望，無印良品能够像水一样。"

孕育 MUJI 的话语 24

然后观察

完成"自我营销"后,接下来就要"观察"。

所谓观察,就是通过观察他人的生活,进一步思考并整理我们的假说。不仅是员工的家庭,我们还会到顾客家中拜访。有一点很对不起顾客,就是我们希望观察到他们未经刻意整理的生活原貌,并拍下许多照片。过后,我们会仔细观察这些照片,从另一个视角来验证我们的假说,或是发现新的不满意和矛盾之处,逐渐整理出解决对策。这就是观察的过程。

这项工作很讲究顺序,不能突然开始观察,或是突然去搜寻数据,而是要先对自己营销,从建立假说开始。无论对任何事,都必须这样。若看到有人不这样做事,我就会忍不住温柔提醒:"别光看后视镜做事,把头灯开起来!"

基本上所有商品开发都要经过观察这一步。下面我就介绍几例诞生自观察的商品开发。

人们家中浴室通常会有颜色形状各异的瓶瓶罐罐。要是能把那些瓶子的颜色尺寸统一起来,肯定会显得干净整洁。无印良品的 PET 分装瓶就来自这个想法。

家中数量有限的插座上集中了需要插电源和需要充电

的设备，如何解决那种混乱场景？無印良品的插座就来自这个想法。

盥洗室只有一个小架子，上面堆满了东西。如果能随心所欲增加架子数量，整理起来应该会方便很多。可以贴在墙上的既可用于收纳也可用于装饰的無印良品家具，就来自这个想法。

小孩子学会一样新事物，自己和大人都会很高兴。有两种颜色的扣子交错排列，方便儿童独自穿脱的睡衣，就来自这个想法。

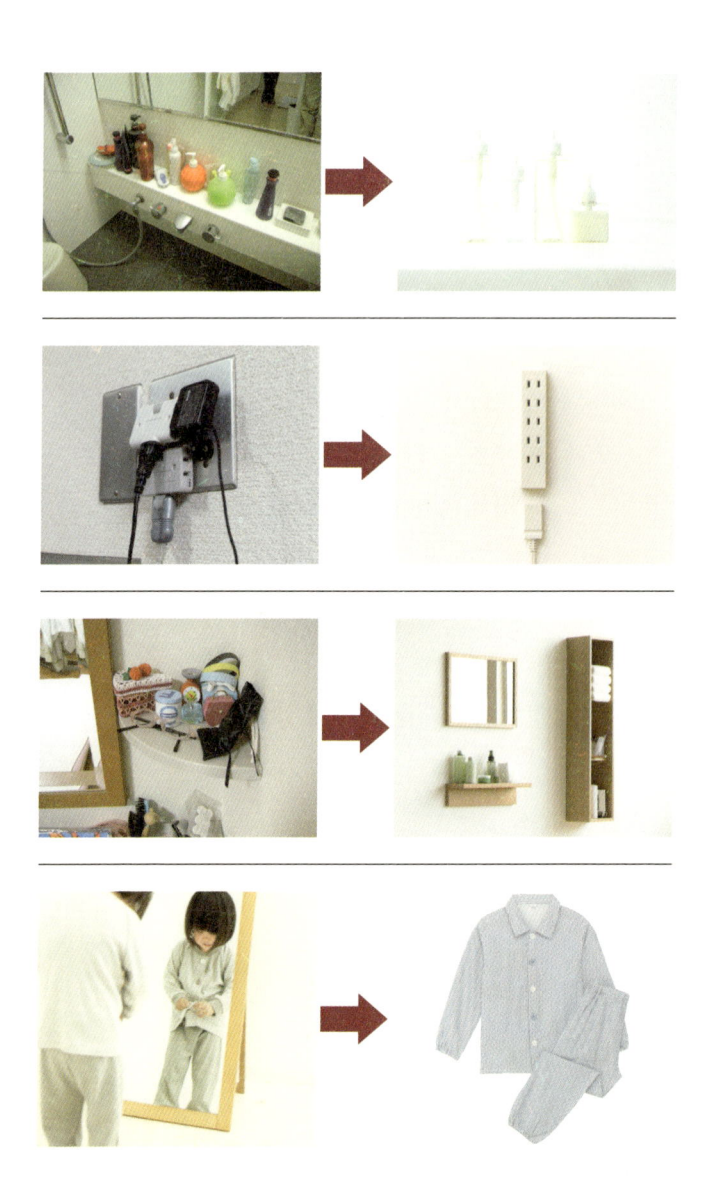

第三章　無印良品的创造方法　95

孕育 MUJI 的话语 25

用简化和省略创造魅力（II）

"让许多人惊叹'原来如此！'，产生共鸣并接纳。基于这种视角和理由，致力于表现明确而充满自信的'这样就好'。"二〇〇三年，我们开始推行这段源自闲聊的新远景的第二阶段——简化的魅力。

那段时间，为改革服装杂货，我请顾问委员会的杉本贵志先生把我介绍给他的设计师挚友山本耀司。杉本先生说："我选YOHJI，是因为YOHJI拥有'坚实'的思想性。"

山本耀司先生一上来就问我："無印良品能将版权费从欧洲取回来吗？"然后说，"日本时尚界一直在向欧洲支付版权费。如果無印良品能取回版权费，我就做。"

他还说："無印良品不是廉价，而是不贵。现在最需要的就是表现出'这就是無印良品'。虽然不试试就不知道，但我认为这是很好的一步。"

二〇〇二年春，我和山本耀司先生在东京三宿杉本先生经营的餐厅"春秋"相会，并进行了这样的谈话。其后，我们利用無印良品服装部员工一直重视的泰国素可泰棉和粗细不均的棉线等特殊材质，结合YOHJI YAMAMOTO（山本耀司）的设计，当然没有刻意冠上设计师YOHJI YAMAMOTO的名字，而是作为"無印良品"发售，用全新的性格改变了卖场。也是在此时，我了解到一些高深的终极性设计知识，例如"衬衫第二颗纽扣位置的设计诀窍无法传授，因为它由设计师的思考和经验，以及时代的感觉来决定"。

深泽先生的壁挂式CD播放器作为無印良品的代表商品，在全世界备受好评。它的直观功能设计一度成为风靡世界的设计潮流，而设计这款产品的深泽先生，则把無印良品引向了"重新审视并明示生产工序，令人产生共鸣并接纳"的阶段。我们从生活者的视角重新审视商品，通过去除业界常识和习惯，以及制造商为多卖产品而添加的附加价值，来捕捉一件商品的本质，专注于生活和生活者的"晨起、刷牙、吃早餐"这些生活片段，将观察的目光深入生活者的无意识领域。然后，找到一点能够介入其中进行加工之处，提供重新发现平凡日常的新鲜感和舒适感，从而向"在生活中获得发现及灵感，虽简朴但别具创造性，由此令人产生共鸣并接纳"这种价值观发展。

在公司内部被称为"原来如此！無印"的商品开发活

动创造了大量热销商品，比如"可做标记的伞""铝制壁面用晾衣架""可吊挂式洗脸用具盒""合脚直角袜""带罩杯吊带衫""亚克力冷水壶""可自由组合睡衣""棉可再利用浴巾""方便穿脱睡衣""减轻颈部刺痛感的高领毛衣"等。

跟设计师合作的项目增多后，我们担心"设计"或"被设计"的商品占比过多，于是也加强了可谓无印良品原点的"寻找"和"发现"式商品开发。这一商品开发被称为"Found MUJI"，以深泽先生为中心，在每个地区进行开发和展览，世界各地的法人代表也参与到商品开发和发布活动中，获得了很大成果。

二〇一一年东日本大地震之后，我们又提出了"八分[1]之物·Product fitness 80"这个概念，进一步对资源、工序、包装的冗余和浪费之处展开检查。这个行动的契机来自曾经参加过 World MUJI 项目的产品设计师安积朋子女士的博客。

我在工作室和家中都会燃香，而且在家吃晚饭时会点蜡烛，所以火柴就成了日常生活的必需品。大约两年前，我开

---
[1] 原文"八分目"，意为八成、八分，含有节制之意。

第三章　无印良品的创造方法

合脚直角袜：为了追求好穿不滑脱，我们找到了捷克老奶奶自然编织出来的袜子形状。做出了贴合脚后跟的直角袜。敬请体验穿在脚上的舒适感。

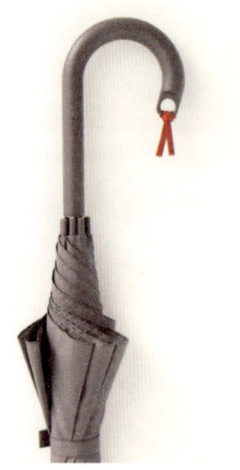

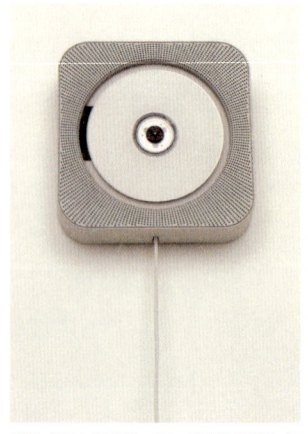

壁挂式CD播放器：好，听听音乐吧！如果人们在产生这种心情时，无须刻意播放CD，就能像哼歌一样自然而然地让音乐在身边流淌……于是，我们制作了能够带来那种生活乐趣的壁挂式CD播放器。只需拉一下绳子，就能开关音乐。走廊、盥洗室、卫生间这些从前听不到音乐的地方，都能听到旋律的回响。

可做标记的伞：颜色形状相似的伞容易分辨不清，还会被遗忘。"这是我的宝贝伞。"为了让使用者产生这种想法，我们在伞柄上开了孔。

带罩杯吊带衫：休息日想让胸部也自由放松。于是，我们就听取女性们的心声，制作了"带罩杯吊带衫"。这是一款在家中休憩或在家附近走走时穿都很合适的休闲服装。

亚克力冷水壶：由于容器横放，里面的饮料会漏出，所以要竖着放置。这款茶壶的登场，若无其事地打破了冰箱里的常识。广口方便清洗，还能做到一滴不剩，将饮料全部倒出。

棉可再利用浴巾：我们学会了前人的智慧，要把旧东西认认真真使用到最后。这款浴巾设计了纵横织线，就算用剪刀剪开，绒毛部分也不会散掉。用旧的毛巾可以顺着织线剪开，做成浴室脚垫或抹布，进行再利用。

铝制壁面用晾衣架：在室内晾衣总是会遇到烦恼。衣架歪歪斜斜，常导致衣物很难晾干，或是出现皱褶。这款半圆形的衣架可以完美贴合墙面或晾衣竿，同时也令人赏心悦目。

落棉抹布：在纺线工序中会掉落许多被摘除的棉絮，我们利用这些棉絮做成了抹布。不经漂白，编织粗糙，可以尽情体会素材本身的特性。当然，吸水性也相当好。这是一款因为"浪费可惜"而诞生的产品。

第三章　無印良品的创造方法　101

始感觉：火柴头是不是变小了？从那时起，火柴头就迅速变得越来越小，我深有感触。

※ 此处插入三种火柴的对比照片。图片在下一页。（编辑部注）

只要一比较就很明显了。左边的是大约十五年前的火柴，中间的是大约四年前的火柴，右边的则是最近的火柴。这个变化激发了我的思考。低价竞争愈演愈烈，制造现场是否已经被逼无奈，连我一直以来从不在意的火柴头原料都要不断缩减，才能适应现在的成本要求了？采购方反复压价，制造方就会感觉："这样赚不到钱，要不要把这种材料减少一些？"做出样品后发现原料缩水了还是能擦着火，如此一来，厂商就成功压低了价格，进而拿到订单。于是，其他厂商也纷纷模仿，把火柴头越缩越小。这么一来二去，我们拿到手上的火柴，就成了现在这个样子。

将几种火柴进行使用比较。火柴头较小的火柴，擦出的火焰也小，必须小心翼翼将火焰转移到火柴棍上才不至于熄灭。不过我很快就适应了这个用法，不会感到不方便。这让我不禁想到人类使用火柴的漫长岁月，并感慨：原来以前我们浪费了那么多材料啊……这种小头火柴成为标准后，可能

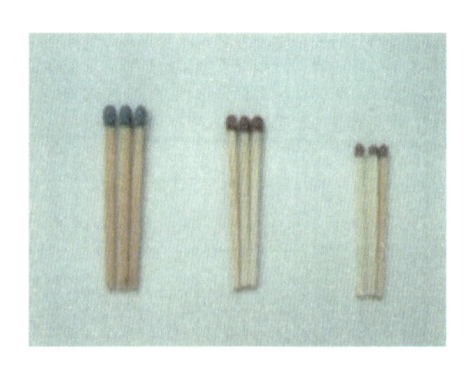

再也见不到大头火柴了。今后我可能要一直生活在小头火柴的社会里了。

    摘自 TOMOKO AZUMI 博客 "-huggable"

  我在同顾问委员会成员闲聊时提到了这篇博客文章，大家都产生了共鸣，决定开展一个项目，对所有商品进行一次全面检查。

孕育 MUJI 的话语 26

探寻无意识的意识!

这是無印良品顾问委员会成员兼产品设计师深泽直人先生的天才特技。

我们这些無印良品开发成员在"MUJI学习会"上，学到了"观察"和这种方法。这也是在表现無印良品追求的"不放弃、不忍耐，明确而充满自信的'这样就好'"时，一个极具创造性的要素。

例如，有一个牛奶纸盒被放在了黑色方形铁管做成的栏杆上。放纸盒的人可能在那个瞬间惊讶于两者尺寸如此一致，忍不住就松开了手。

有一辆被遗忘在车站门口的自行车，车筐里被扔了喝完的咖啡罐和揉成一团的废纸等垃圾。人们可能把车筐和公园常见的垃圾筐无意识地联系在了一起，最后忍不住把垃圾扔了进去。

把伞放在没有伞架的地方，会无意识地将伞尖对准地面瓷砖缝隙。既然如此，那门口就没必要放置伞架，只要挖一道沟出来就好了。

经常锻炼这样的观察力，就能渐渐发现人们无意识的意识。将那种细节融入商品，制作者和使用者就能共享它的意义，让商品生出令人心里发痒的魅力。只不过，我以

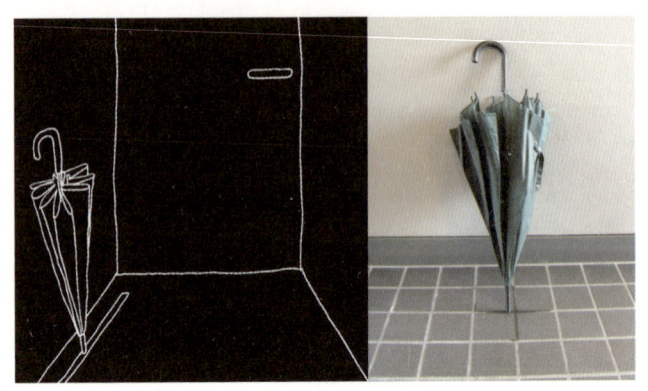

深泽直人从人们忍不住去做的事情中联想到的创意

从人们不自觉地把伞尖对准瓷砖缝隙靠墙放置的举动中，联想到伞架沟。

前拜访深泽先生的住处时，发现他家门口并没有挖出一道沟，让我备受打击。

除了这样的学习会，我们还会走出办公室，去领会眼前事物的心情。我们与清水久和先生合作创建了名为"有爱的坏设计"的工作室，尝试想象物品的心情，并将其做成商品。后文将会介绍其中两个例子。

方形牛奶盒被放在尺寸相同的栏杆上的样子。

垃圾被扔在自行车筐里的样子。

第三章　無印良品的创造方法　107

有爱的坏设计

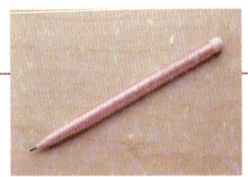

木轴铅笔

"谁要听老人家说的话！"
一开始浑身带刺的新员工，在社会的蹂躏下渐渐变得圆滑之时，就站到了推动年轻人前进的立场上。
"希望你能够吸收这次失败的经验，为下一次的成功完善自己。"
即使是壮志未酬之人，他的经验也会成为下一辈人的垫脚石。
"我还一次都没走上过大舞台呢。"
心中低语这句话、担任中层管理职务的你，才是公司的中流砥柱。
每个人的个性不同，少了任何一个，这个组织都无法成型。
团结的力量虽然重要，只是在现代，已经无处寻觅这种彻头彻尾的纵向型组织了。

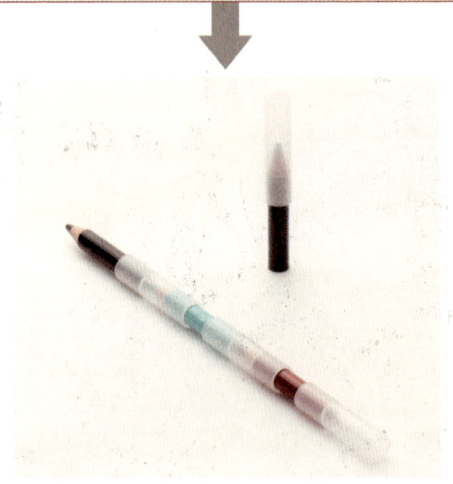

木轴眼线笔

充水底座

是我们，一直支撑着店头迎着风猎猎作响的旗帜。
店铺打烊后，旗帜都被收拾整齐，
我们却总被遗忘在路边。
尽管如此，我们还是毫无怨言，始终支撑。
我们的外表简单，却拥有稳重的力量，
那是因为身体里装满了水，
而这些水是何时装了进来？记忆已经飘向了遥远的地方。
也不知道里面究竟变成什么情况了。
虽然我们总是被遗忘，
但我们付出的努力，却不比身上张扬的旗帜少半分。
其实我们还有很多种类，比如可以变身的战队系列，还有圆润丰满的系列。
不过主角始终是站在上面的那位，
可能有人会说，你们没必要如此努力吧？
但我们不会介怀，只会始终支撑。
好了，明天要去支撑什么样的家伙呢？

携带式播放器用扬声器

第三章　無印良品的创造方法　　109

孕育 MUJI 的话语 27

经手留痕的创造

在机械化生产之前，商品上都留有手工的痕迹。只要一看商品，就知道是谁制作了它。因为我们可以从上面感觉到人的气息。二十世纪以后，那样的气息就消失了。因为现代主义就是"通过机器进行大量生产以降低成本，将商品卖给更多的人"。当然，無印良品也存在于那个概念之中，但同时也具备了反抗那种概念的内涵，在商品开发中不断寻觅不属于那种体制的东西，或是原路折返，去取回被遗忘在途中的重要的东西。

無印良品创意的基本就是：相比创造，更注重"探寻和发现"。所谓"Found MUJI"，就是探寻原本就一直在被使用的部分商品，将其开发手段更加明确化。这是一种尝试，去重新探寻、发现并尊重多彩的文化、传统、素材和技术，将其融入我们现在的生活，以此来反思我们自身在发展过程中遗忘的重要事物。

了解地域文化的重要性，期许非单一方向的全球化，将中间一度被切断的制作者和使用者的关系、生产者和自然的关系纳入考量，为我们的生活带来润泽。我认为，这个尝试的效果非常显著。与此同时，我们也为制作那些商品的人、技术还有产地可能会消失而感到焦虑。于是，我们便召集了公司内部志同道合的人，穿上不属于欧式风格，而是来自世界各个地区的服装进行日常工作，以此来强化内部运动。

Found MUJI项目中，以"日本的布"为代表的纺织产品，由顾问委员会成员须藤玲子女士主导研发。须藤女士曾花很长时间寻访了日本的各个纺织产地，熟知各地的织染技术。纺织业在明治、大正到昭和初期一直属于日本的骨干产业，如今其规模正在不断收缩，技术传承也无以为继，而须藤女士就是为保护纺织产地而不断奔走的设计师之一。

她在Found MUJI的工作，就是跟商品部的年轻员工一道深入产地，将日本多彩的布料带到现在的生活中来。从妙手生花的传统技艺，到独一无二的高科技素材，日本布料这些丰富的表情，都是漫长的历史和文化的结晶。以须藤女士为中心的团队亲手制作并亲自穿着的夏季浴衣等产品极富魅力，很快就销售一空。须藤女士最让人着迷的地方就在于有求必应，现在，她正在策划尼泊尔、印度、不丹、泰国等世界各地布料的"Found"项目。

须藤女士曾说过"布，就是色彩与间隙"，这里简单介绍一下。

"将线状的素材组合编织起来，就成了布。素材有素材的颜色，如果直接使用素材的颜色，就会像混合各种颜色的光一样，最终得到白色。布还有另一个关键，就是素材组合在一起的密度。换言之，就是素材与素材之间的空隙。我们在进行农耕时，会在作物之间留下透光、通风、流水的通道，这个作业叫作间苗。这些'间''隙''透'都与'耕'相通。织布和农耕一样，都需要反复地'耕'，制造让阳光、清风和雨露透过的'间'。"

读到这里，我产生了一个感慨：这不就跟企业的组织创建一样嘛。

孕育 MUJI 的话语 28

总有小小的邂逅和闪光

我认为，商品开发还有一个重要之处，就是小小的邂逅和闪光。

我们时常在一段时间后，为某个偶然感到震惊。就像与深泽直人先生的邂逅。一天，深泽先生受到设计师蒂姆·图米的邀请，造访了第一次在日本举办的研讨会"WITHOUT THOUGHT"。如果他当时拒绝邀请，恐怕世界上就没有"壁挂式CD播放器"了。

北村俊道先生设计的"DIY纸管儿童椅"也是他去九州出差时，在下榻的酒店阅读报纸，看到上面一小块介绍，因此产生的创意。我属于那种一旦产生好奇，"马上跑去见面"的性格，同时也认为有时真的需要有这样的行动力。去见面的途中，那个商品的售价、畅销的场面，甚至销量都已经在我脑中生成了。所以见面之后，商谈就十分顺利。事实上，接下来至少还需要一年左右的商品化过程，不过只要一开始对结论有了共识，基本上都能成事。

"合脚直角袜"也一样。以前，西武百货店的商品科学研究所有一位野中公子女士。野中女士曾邀请我去大学讲讲无印良品，我们因此结识。野中女士的女儿跟一位捷克人结了婚，而野中女士本人也在捷克小住了将近一个月。

她在自己的博客上记录了那一个月的生活。对习惯了日本方便生活的野中一家来说，住在捷克似乎有各种不便，但也在那里发现了日本人早已遗失的人与人之间的紧密联系，以及每天亲手制作饭菜的乐趣。每一篇记录都引人入胜，尤其是餐点的照片更让人印象深刻，于是野中女士回国后，我便请她到公司来，为食品部员工讲了两小时关于捷克饮食的话题。

那天离别时，野中女士突然说："啊，对了！"然后掏出一双有点奇怪的袜子来。"这是捷克一位老奶奶手工编织的袜子，它用毛线织成，非常温暖，而且穿在脚上一点都不会往下溜。"那双袜子之所以奇怪，是因为脚跟部位是直角形状。另外，袜子整体由羊毛织成，但为了防止松垮，还织入了捻纱。那双袜子仿佛装满了老奶奶的温柔和热情，显得魅力十足。于是，因为那双袜子，现在無印良品的袜子产品全都是直角的。

不过，"合脚直角袜"的商品化花费了两三年时间。因为那是一直在母亲和女儿之间传承的手工编织物，自然不存在设计图，别人也不知道怎么做。于是，我们专门把那位老奶奶从捷克请到了日本，并请她在摄像机镜头前编织一双袜子。后来，我们又得到了多方协助，总算实现了工厂量产，至此，不容易下溜的"合脚直角袜"才算诞生了。

此后，经过调查，我们得知现在常见的这种脚跟呈一百二十度的袜子，是一百多年前英国工厂首先生产出来的。以当时的技术很难编织出脚跟部分呈九十度的袜子，结果就成了一百二十度。而在更早以前的手工时代，包括日本的足袋在内，人们穿的袜子都是直角。我认为，从人类双脚的形状来看，直角才是理所当然。

今后，我们还会珍惜每一个"小小的邂逅和闪光"。一个人能得到的信息、能遇到的人都很有限。正因为如此，我们才要对那些邂逅抱着"这就是命运吧！？"的心态，更积极、深入地去思考其中的含义。

首先，应该积极地幻想。虽说如此，也并非一切都能顺利实现，当中自然存在很多白费力气之处，我们只能在每一个瞬间做出临机的判断。在这个意义上，我有时也会错过重要的邂逅，也会缺乏幻想之力。在那些时候与我相遇的人，真是太对不起了。

孕育 MUJI 的话语 29

只要有心，就能灵光一现

無印良品从众多才能优异的设计师和创造者那里得到了见识和创意，并在此基础上推进着商品开发等各种事业。大家平时都很忙碌，按照一秒钟空余都没有的日程奔赴世界各地的工作。公司内部也常常能听到"实在太忙了，没有创意"的声音，只是，在忙碌这一点上，向我们提供助力的设计师和创造者们，绝对要忙碌得多。

不过，他们时刻会带着想法进行思考。就这样与各种人相遇，看到各种城市的街道，直接接触各种信息。所以，我们应该努力减少或减轻作业，走到外面去，接触更多信息。在跟别人谈论自己想做的事情时，自己也能对那些想法做出一番整理，最终想到具体的实现方法。只要有想法，三年前在意大利听说的"H"、一年前在报纸上读到的"2"，和今天在中国听到的"O"就会突然串联起来，让人灵光一现："啊！对啊，是水啊！"

所以，我时刻都在思考。无论是泡澡、上厕所还是睡觉，都不停止思考。要睡着觉都能产生创意，可能得达到仓俣史朗先生（日本最具代表性的室内装潢设计师）那个水平才行，但我还是一直保持着思考的习惯。有时，单纯只是走路或抽烟，在这样不做任何刻意思考、静静发呆的时间里，创意也会突然降临。

孕育 MUJI 的话语 30

是无非无即是无也

我经常将这句话与地心说、日心说换着用。

创意往往容易变成地心说，也就是透过自己的商品去判断市场。所以，从日心说的角度，也就是从市场的角度审视自己和商品的做法非常重要。我们要转变视角，以市场的目光，或众多顾客的目光来冷静判断我们所思所想的事情是否真的有益，是否真的重要。

公司内部有两个提意见的会议，当会长或社长在会上说往右，其他与会人员必须要提出："难道不是往左吗？"如果与会人员迟迟不能提出那句话，我们就得费点心思，自己提出来。其实，如果想要做出真正正确的判断，听到别人说往右，就要提出应该往左，这种思考模式能起到很大作用。

打个比方：企业和组织都会以"高效""高产""高利润"为善，可是，若公司或店铺的成长完全以这些想法为基础，后果将会不堪设想。因为单纯考虑效率，就会丢掉多样性。

从整体考虑，从整个公司的角度考虑，从顾客的角度考虑，这种习惯非常重要。就算效率不高，只要能让大家高兴，那么反倒是踏踏实实慢慢去做，对整体更有益处。

無印良品还有许多意义相近的广告词。

"不设计的设计""无为的作为""空即是一切""平凡的非凡""随处可见、随处无觅之物",等等。这些广告词看起来似是而非,但人们都能领会其中的感情。

顺带一提,"善待地球!"这种话便是傲慢之人的地心说,"想被地球善待!"则是谦逊之人的日心说。

孕育 MUJI 的话语 31

铭记心中的"由衷歉意与深刻反省"

平素，顾客与良品计画时刻通过店铺和客服进行着交流。但有时，管理层能直接听到顾客的声音。尤其是大约十年前的时候，经常有一些顾客不仅向现场负责人反馈情况，为确保传达到位，还会直接写信或发传真给管理层。

其中绝大部分都是斥责的话语。

比如商品质量不好，质问我们品质管理能力是不是退化了。这些都是买到残次商品，不得不换货的顾客们发出的指责。那些客人自无印良品创业初期就对其喜爱有加，我读到他们直率而正中核心的批评，心中不禁涌出反省之念：我们在控制价格的同时，明明没有在品质上妥协，为何还是辜负了顾客的期待？

还有一些顾客斥责我们过度注重形象和设计的宣传。所谓过度注重形象，就是广告宣传过剩，商品品质却跟不上，因此被顾客怀疑是否在广告宣传方面投入了过多预算，导致品质下降，在制造方面不用心了。而所谓过度注重设计，就是过度优先简约和优美这些制作者逻辑，从而忽略了使用者的逻辑。回头看那个时期的商品，确实有一些会让人产生那样的想法。对于这些指责，我们也毫无反驳的余地，只能深刻反省。

其中，关于商品种类太多的斥责让我感到很惊讶。为什么商品种类不能多呢？因为商品种类多的背后，就是组织的过分庞大。许多提案并非明确而充满自信的"这样就好"，而是带有强加之嫌的"这样才好""这样也好""那样也好"，从而阻碍了我们通往"这样就好"的道路。如果把通往"这样就好"的道路完全扔给顾客去走，畅销的商品就会断货，卖不出去的商品就会被下架。这样一来，就算顾客想多买一些，也已经买不到自己想要的商品了。若落到这个境地，无印良品的创造就失去了意义。顾客把这个事实摆到了我们面前，我们还是只能深刻反省。

无论哪种斥责，最终都转化为一个疑问：无印良品是否还在倾听生活者的声音，并将对这些声音的重视反映在商品之上？同时，这些斥责也尖锐地指出，无印良品存在的根基可能已经出现动摇。

正因为"无印"，所以不能让品质下降，也绝对不能脱离本质。我们深深省悟，并在每次受到斥责之时，都分享给所有管理层人员。我们还商讨过这样的话题：如果商品开发还像现在这样，干脆别做无印良品了。

那段时间，顾客们发来的斥责信件与传真至今仍被我妥善保管。每次拿出来重读，我都会深刻反省，并希望向他们致以由衷的歉意。近来已经不会像以前那样直接收到顾客的斥责之词，但我无法断言那是因为我们符合了顾客的期待。要是顾客真的对我们彻底失望，想必也不会向我们传达任何希望改变的想法了吧。

我们必须将这些话语铭记在心。当中有些问题可以通过改善企业文化和加强教育来解决，但对从事商品开发的成员来说，应该遵照那些信和传真上的话，不要局限于眼前的事物，而要不断尝试回答"無印良品是什么"这个艰难的问题。

孕育 MUJI 的话语 32

用简化和省略创造魅力（Ⅲ）

无印良品的创造将会走向何处？

带着这个想法回顾历史，就会发现无印良品一直以来都在通过价值的转换不断前进。实现那些发展的，当然是"思想"和"人"，但我们的视角必须时刻与生活者和市民一致。

不断思考人在这个地球、这个社会上应该如何行动，通过堪称闲聊的重要决策会议将那些思考整理并转换为人与人之间的话语。如此一来，良品计画的员工就会产生一个意识："无印良品"的资产是没有答案的"立场"和"价值观"。然后，他们就会时刻在自己身处的时代中，主动去找到那个答案，并以此为工作。

粗略回首无印良品的价值转换，首先，是从过程上解明了"商品的价值"，并只从中抽取生活者需要的本质进行提供。这就是将商品价值转换成能够让人产生"是吗，原来如此！"之共鸣并接纳的东西。

其次，是针对追求豪华和浪费的生活方式，提出了简朴而细致，充满调和之美的生活，对"生活的价值"进行了转换。我们仔细观察生活者自身的日常生活，寻找日常中无意识的意识，在那片空白中融入不经意却重要的生活价值，并获得共鸣与接纳。

现在，我们又迎来了新的转折点。报纸和电视上随处可见IT、AI、IoT、ICT这样的词汇，信息技术实现了惊人发展，甚至被称为第四次产业革命。由此，世界规模的市场竞争也拉开了序幕。在这个数字社会中，很容易导入分享（共享）的概念，可以说，此时正是脱离过度消费社会和物品私有社会的大好机会。

然而，纵观现在的竞争，无论如何都会感到强烈的异样。那是因为现在有一种商业模式，就是用钱生钱，再凭借庞大的资本力量一口气占领市场。比如中国的共享单车市场，就因为各个企业为独占市场份额而进行破坏性的价格竞争，最终让城市里充满了堆积成山的自行车。

于是我就想，"共享"这个概念，好像跟"资本的逻辑"格格不入。

为了现在和未来的地球以及人的幸福，有必要利用数字技术的进步，去考虑平衡感"恰到好处"的设计。地球温室效应，水、粮食和能源不足，老龄化社会和贫富差距，还有各种纠纷——如何处理这些人类制造的问题，或是如何思考人与高科技的良性关系，以追求让我们感觉良好的生活，这些都将是非常重要的工作。

与此同时，无论时代如何进步，技术如何发展，人都是有肉体的、富有感情的生物。我认为，把人类最基本的"好好吃饭、睡觉、行走、清扫"带回到日常生活中的意识必不可少，而引导人们去追求那样的日常，实现生活价值的转换，就是我们的工作。今后，无论信息化社会如何发展，只要人们还生活在这个地球上，还在不断追求更好的生活，人们的愿望和新技术就都会披上物品的外形不断流通。

无印良品一贯追求的就是伴随必要性购物的充实感。我们一直希望给每次普通的购物添加上一份丰富的心情。举个例子，请想象我们踏入了传统的市集，人与人的交流通过物品而成立，物品与人共同酝酿出的独特气氛能够让人恢复一些活力。清晨收获的本地蔬果和鱼虾价格实惠，菜摊的大婶拿起两个番茄塞进我们的购物袋里说："你别看它丑，味道可好了！送你了！"于是我们感觉得了实惠，高高兴兴地走上回家的路。随着时代发展，这样的集市越来越少了，所以无印良品才要以那些集市为目标。无印良品的"实惠"不是番茄这样的物品，而是隐藏在"原来如此"

和"是这样啊"背后，对某种思考方式和过程的共鸣与接纳。我们希望，无印良品提供的食物是美味的，器具是有用的，衣服是结实舒适的。这些都是可谓生活OS（操作系统，也就是基本和普遍）的商品。

第一章提到的良品计划的"起作用"大战略提出了六个关键元素（让受伤的地球重生，重新认识文明的多样性，重新考量对舒适和便利的追求，不追求崭新锃亮物品的美学，重新构筑关系，好好吃饭、睡觉、行走、清扫），它们都是我们进行创造的方向标。而我认为，这其中的"实惠"，也就是共鸣与接纳包括①"商品价值的转换"、②"生活价值的转换"以及③"社会价值的转换"。

①②③可能同时存在，根据商品特性不同，有的属于①，有的则属于②，并组成感觉良好的素材所制造的商品群。能否让这些商品活起来，取决于"感觉良好的商品""感觉良好的卖场""感觉良好的信息""感觉良好的宣传""感觉良好的服务"这一贯穿始终的机制。

"让现场担纲主角，全体成员共同实践'良心与创造力'，并将这种文化与机制发展到全球范围"，这就是我们作为经营根基的话语。在此基础上，我们还会听取顾客的声音和评价，接受批评，仔细消化，顺应时代进行细节上的修正和变更，凭借一点点积攒下来的智慧和思考，向生活的 OS 迈进。

或许，無印良品的魅力就是这个与顾客共同创造的平台。而我们则在其中以市民身份，从市民当中寻觅人类的美好生活。

孕育MUJI的话语33

直面合理性难题,并不断追求

最合适的生产方法，最合适的品质与价格。无印良品的信条就是这种最合理的优化，然而这很难做到。因为我们不知道满分是什么，也没有可以参考的正确答案。我们只能用自己的良心、探求心，以及身为生活者的双眼，深入学习从物品的素材背景到制造的全过程；只能不断向人求教，倾听店铺伙伴和顾客的声音，坚持锻炼自己的感官体验。尽管如此，也没必要感到压力沉重，而要乐在其中。无法乐在其中的人不适合做这份工作，为了大家都好，应该让他去做适合他的工作。

从很久以前开始，每次我产生疑惑，都会自问："田中一光先生会用这个东西吗？会买这个东西吗？"因为田中先生曾经这样说过：

"无印良品就像长距离田径比赛的领跑者。跑在队伍前头的人，超过最后的跑者整整一圈的瞬间，不是会有与之并肩的时刻嘛。在那个时刻，人们就分不清到底是谁在领跑。无印良品就像这个时候的领跑者一样。"而小池一子女士则道出了心声："人们一直在考虑如何把物品做成超越物品的东西，而无印良品的立足点就在于，让物品重新回归物品本身。"

定价同样非常困难，但有一个绝对原则，那就是绝不在成本价基础上坐地起价。要以生活者的体感来定价，同时用专业的能力去想象能够卖出的数量。为了消除售价与成本价的矛盾而重新审视生产工序。这就是我们的工作，"理由"也由此而生。

無印良品也有许多针对价格的发言。比如"让好东西更实惠，这是摆脱了设计思想，发自生活者思想的想法。""無印不是廉价，而是不贵。""無印也可以是有理由的高价。"……

究竟什么是合理的品质与合理的价格？要得到这个答案，就必须成为生活者，去想象非常精明的"最好的生活者的肖像"。

無印良品的商品品类广泛，针对各种商品和场景，会有各种话语。每一个生活者对商品与生活的关系、使用频率及使用时间的预期都不尽相同。然而，普通零售业只根据高级店铺、百货店、量贩店、折扣店等业态分类来设定品质与价格，并未从一个生活者预期的实际生活角度来提示出"合理"的范围。

为了实现合理的品质与价格，無印良品也有三点主张，那就是"一直都有好价格""希望讲究"和"实惠的价格"。

"一直都有好价格"是针对占比最高、使用频率也很高，跟日常生活密切相关的中心商品群。它们都是生活者，"想以尽量便宜的价格买到的好东西"，比如内衣、袜子、日常服装、文具、家居用品、零食饮料等。

"希望讲究"是针对"就算有点贵，也想买到的好东西"这类商品。比如经久耐用的床、沙发和家电制品，以及让人感受到素材多样性的服装、纺织品等。

"实惠的价格"则是针对使用频率和消耗频率高，"让人感到实惠，但不是单纯廉价，而是在素材、工序和包装上花费了心思控制成本，让人不会对其低价感到内疚，想怎么用就怎么用"的商品群。

因为無印良品与真实生活密切相关，所以时刻都在追求"合理性"，并以在时代和环境的变化中一刻不停地"追求合理性"为己任。因此，我们没有必要创造不必要的新商品，也认为开发轻率创造出来的、最后只能下架的商品是一种犯罪。

正直诚实！深泽先生那句"不可以将无法做成同样颜

色的东西刻意做成同样颜色"就是非常正直的话语。木纹和木眼是天然之物，刻意将其掩盖的加工就属于不诚实的行为。正因为正直而诚实，哪怕有一些瑕疵也是良品。

考虑合理性时，我心中常会想起一句话："无论是水滴的形状，还是更为复杂的、仿佛在虔诚祈祷的螳螂的外形，都是依照去除了一切结构上的冗余的法则形成的。"（《作为艺术的设计》，布鲁诺·穆纳里、小山清男译，大卫社）。这位意大利美术家的箴言，时刻都在提醒我不去开发"不必要的商品"，以及减少对商品的"过度加工"。

最后，我再补充一句堤清二先生的话："如果认为客服是为了倾听顾客投诉和斥责，并为顾客解决问题的岗位，那就大错特错了。客服有一项重要的工作，就是思考我们的产品对顾客和社会来说，是否属于本质上有用的东西。"

孕育 MUJI 的话语 34

创造构成生活素材的商品吧！

"创建希望生活简约美好的生活者心中最好最强的店铺。"

我们整个公司正在跃跃欲试,想达到这个目标。

"店铺"其实也可以替换为"事业"。在激烈的市场竞争中,竞争的方向很容易就会偏向"过度"和"稀缺"这种偏激模式,社会和企业难免会去争夺短期的市场占有率。

如果从那种竞争中抽身出来,以一个生活者的身份展开思考,就能看到真相。

那是"刚刚好"的感觉,是一种如同空气般的存在。我们必须坚持良好的品质,并且拥有足够的勇气,让商品保持简单的本质,成为顾客在编织自己的生活时用到的基本"素材"。

无印良品有种一直畅销的常驻商品,那就是没有印刷日期,只印了横线的日程本。顾客可以自行标记日期,从任何时间开始使用都没问题,而且中间画条竖线,就能把一周的空间分成两周来用。所以,这种商品并不存在公历多少年专用的概念。

从销售者的角度来想,无须担忧"今年日程本卖不出去,增加了降价成本",或"今年日程本卖得很火,商品库存却不够，增加了机会成本"，也就没必要事先将那些成本附加在这种商品的售价上，所以無印良品的再生纸日程本很便宜。

但是，如果制作了印有日期的日程本，并提高售价放在旁边销售，反倒会让无日期的日程本销量更好。所以销售生活素材性质的商品绝非易事，需要公司上下齐心，通力合作。这就要讲究零售业经常说的"商、售、宣"，也就是商品开发部门、销售部门和宣传部门的配合了。

"無印良品"就是在那样的店铺销售那样的商品。我们必须坚持贯彻这种做法，直到所有人都明白这点。在此基础上，还需要让人感觉"使用这些商品能让生活更美好有序"的店铺空间，以及 VMD（视觉营销）和员工技能。另外，广告和网站设计也很重要。

只要"感觉良好的商品""感觉良好的环境""感觉良好的信息""感觉良好的促销""感觉良好的待客服务"贯穿始终，无须刻意传达，顾客也能感觉到。

如果素材性质的商品群已经覆盖了基本生活，就必须还配套提供"感觉良好的生活"相关主题项目。比如二〇〇四年，無印良品提出了"do it 亲自动手"这个项目，

```
         好的商品

好的卖场    感觉良好    好的促销

   好的
   待客服务    好的信息
```

激发顾客的创造欲，帮助顾客使用那些素材创造出只属于自己的东西。

在白色衣服上加入一些自己喜欢的颜色的缝线；在笔记本上画自己喜欢的图案或盖印章。这些项目给出的提示，以及顾客们自己的创意，应该能让商品更富有个人特色，同时也让顾客更为喜爱。

孕育 MUJI 的话语 35

创造"滋养心灵的商品"吧!

一般来讲，品牌获得顾客认知，得到成长或壮大的过程分为三个阶段。

（1）"识别"——让顾客记住名称和标识的阶段。
（2）"信任"——与顾客形成品质和价格上的信任关系。到达这个阶段，品牌就可谓成功了。基本上所有成功企业都到达了这个阶段。

不过在此之上还有一个阶段，那就是（3）"意义"。在这个阶段，顾客能够对这个企业的理念、价值观和现状产生共鸣，愿意为企业出一份力或声援企业。

無印良品诞生之际，就在一定的顾客层中达到了（3）"意义"的阶段。

我们用真正的生活者视角去审视商品，采取"去除冗余、加强要素而且便宜！"的纯粹的商品开发，注重"没有印记却是良品"的精神性，以及"对！我一直都这么想！"的切入点和简洁干脆的风格。统一色调形成朴素直率的印象，极力减少为卖而生的附加物，使用老木、铁板和红砖打造店铺空间，播放不刻意激发购买欲的原创背景音乐。

这些全都体现了"無印良品"的内涵。二十世纪八十年代后半期，我们以素材转用为着眼点，陆续将工业用、体育用、医疗用、酒店用的专业素材转用到了日常生活的物品中。

比如为了制作"轻便紧凑的风衣",我们成天念叨着"轻量素材,轻量素材在哪里",几经寻觅之后,终于找到了"啊!降落伞不是又轻便又紧凑吗!"于是便用降落伞布制作了风衣,并且格外畅销。为了制作结实耐用的公文包,又是一番"结实耐用的素材,结实耐用的素材是什么?""篮球不是很结实吗!"于是便用篮球的素材做了一款包。

后来我们接到顾客投诉:"一下雨风衣就不停渗水。""篮球素材虽然结实,但是太重了!"不过,他们对无印良品的这些创意和挑战其实非常宽容,还会告诉我们"这样做会更好",并不断鼓励我们。

二〇一八年正在销售的降落伞布系列商品已经完成了材质改良,下雨也不会渗水了。

無印良品经过三十多年发展,店铺数量、商品数量和顾客数量都大幅增加,可当我思考无印良品是否达到了"意义"的阶段时,还是会非常不安。

经营规模扩大了,公司人员和组织规模也随之扩大,这让我很担心我们是否变得只关注数字上的结果和评价，渐渐遗忘了对"無印良品"的探求，遗忘了对为卖而卖的商品的反抗精神。

我们無印良品应该制作的商品，是能够"滋养心灵的商品"。我们不会去压榨生产者，只会借来技术和智慧，把素材加工成商品，包装起来运送到顾客手中供他们使用。我们必须学习并熟知这一连串工序，去除冗余，发挥作用，保持廉价，让客人产生"嗯！原来如此，是这样啊"的接纳和共鸣。無印良品销售的，必须都是这样的商品。

第四章 孕育無印良品的风土和组织
——良品计画的愿景

孕育 MUJI 的话语 36

勿忘苦涩的二十岁生日

这一节标题中的"勿忘",是为了健忘的自己而写的。

無印良品的二十岁和接下来那几年都过得十分苦涩。公司和组织都是人的集合,所以也像生物一样。在疑神疑鬼的气氛里,如果每个人面朝的方向都不一致,就更容易放弃进取,只求自保,因为这是理所当然的人性。如此一来,组织就会四分五裂。一切都是经营的问题。在那个艰苦时期离开公司的伙伴们,留下各种各样的话语,描述了那个现象。

一个人说,無印良品正在渐渐脱离原点,不知不觉陷入了销售者的逻辑,从而遗忘了使用者的逻辑,变成了自己一直都在否定的"品牌"。这个事实不知不觉也被顾客们察觉了。为了不犯那些错误,应该回到原点。当时那个人给我的感觉,就是希望能在离开前说出自己内心的想法。

还有人说,只有反抗消费社会的無印良品才会重视的东西被许多人所接纳,因此也被众多企业争相模仿,使得無印良品的独特性越来越稀薄了。良品计画在进退维谷之际,被指明了两条道路:一是不断消费此前累积起来的"品牌资产",大力提高效率,创造更多利益;二是正因为我们是无印良品，才应该好好思考自己该做什么，重新创造符合新时代的全新无印良品。给我留下这些信息的人还说，希望剩下的伙伴能够严肃地向自己提出那个问题，然后选择第二条道路。

不仅是无印良品的产品和服务，还有人讲到了公司的环境。随着业绩恶化，公司内部士气也日趋低落，甚至在营业数字恢复后也迟迟没有好转。有这种感觉的人，并不止一两个。

留下这些信息离开的伙伴们，都不是为了抱怨眼前的事态。他们留下的是希望和期待，希望无印良品能够保持应有模样，期待着只要留下的人认真追求那个应有的模样，总有一天希望就会实现。

为了深入改善公司环境，还有人开出了类似处方的提议：去关心周围的人，甚至略显多管闲事也好；如果容易纵容自己，就跟周围的人约定互相监督；就算遇到困难，也要通过想象去克服。

这些信息，都不是我主动请那些伙伴留下来的。

有的话语被放进了無印良品的牛皮纸信封，不知何时出现在我办公桌上。还有人在辞职前找我谈话，并留下了他的话语。

作为良品计画的一员，他们的"离别之词"都是主动留下的。有这么多伙伴为我们留下了这么多话语，那种感情我会一直铭记。

孕育 MUJI 的话语 37

小鱼成群结队，虽无言，却来去默契

二〇〇〇年开始出现滑落的良品计画的业绩，在经过略显粗暴的治疗后得以恢复，人们还称其为"V字恢复"。时任社长松井忠三先生的目的就是环境改革和机制化。

在二〇〇六年，他就自己的目标说了这样一段话。

"我认为，目前的一大课题是创造环境透明的公司，并在自主性前提下逐渐构筑机制。若不这样做，本世纪初的危机迟早会重演。我深知创造一种新的公司风气十分困难，也不确定最后能否成功。但我打算带着'谦虚'的心态，投身到经营事业中。"（※其后的组织改革详情可参见松井先生的著作。）

彼时我联想到的，是成群行动的小鱼。

成群的小鱼在广阔的水域中活动，虽然无人号令，也没有领队发出指示，它们却还是能整齐划一地行动。我很好奇，为什么它们会不约而同地朝同一个方向移动呢？

对小鱼来说，在群体中行动似乎是出于本能。它们从出生那一刻起，就被植入了跟随群体行动的意识。

不仅如此，小鱼还会时刻跟旁边的小鱼保持距离。正因为彼此都不远离，才能形成一个群体。当然，若离得太近就会撞到一起。

为了保持距离，它们必须关注自己旁边的鱼在干什么，朝什么方向游动。

我得知此事后，就想把良品计画建设成小鱼群一样的公司。

只是，员工并非小鱼，而是人类，没有组成群体这种与生俱来的本能。为了创建并保持公司这个群体，必须有个代替本能的东西。那就是思想。

只要员工们拥有统一的思想，就不会跟其他员工离得过远或过近，同时也会关注其他人在干什么，在有需要时，寻求帮助或为他人提供帮助，共同朝那个思想前进。

小鱼为了跟前后左右的鱼保持适当距离，就必须关注前后左右的鱼。如此一来，小鱼跟小鱼之间就有了充分的了解。

只是，群体一旦变大，一条小鱼的异常也会传染给另一条小鱼，再传染给旁边的小鱼，等异常传遍全体，已经过去很长时间了。

良品计画为了尽量避免这种事发生，一直都注重创建环境透明的组织。比如不称呼职位，统称先生、女士。还有取消社长办公室，将办公桌移到大家所在的区域。最重要的是，大家带着同样的思想结群而游。

孕育 MUJI 的话语 38

全球化的中小企业宣言

良品计画希望一直保持中小企业的性质。因为我有个偏见：在大企业里，做"业务"的人很多，做"工作"的人却完全不存在。

纵使营业规模变大，我也希望一直保持中小企业般轻快的步伐、永不傲慢，而且珍视自然、人与社会的距离感展开活动。

正因为是中小企业，才能走向全球化。中小企业有着大企业所缺乏的个性，并且相比扩大规模，更珍惜自己的个性。而有了那种个性，企业才能带着轻盈的身体走向世界各地，得到人们的认可和接受。

無印良品的每间店铺都是小店。这样的小店在各个地区都起到了作用，为人们所喜爱。这就是一切，而营业规模和店铺数量，都不意味着强悍。

孕育MUJI的话语39

总部不是参谋总部,而是现场的后援

良品计画于二〇〇二年开始重构，当时采取的众多举措之一，就是改变对总部和店铺职责的认知。

在此之前，店铺就是执行总部决定的地方。现在那种模式变成了：店铺在不过分脱离总部想法的范围内，创造对顾客来说最良好的环境，总部则负责支援。

然而，尽管我们约定要这样做，店铺的行动却毫无改变。"我们能否做这件事"的提问迟迟没有消失。

于是公司决定，只要店铺完成预期业绩，就给店长及店员，包括兼职人员在内，都发放三千日元奖金。如此一来，店长的行动就改变了。

店长本身能拿到三千日元固然高兴，但并不是非要不可。只不过，一想到自己店里所有店员都能拿到三千日元，店长就会倍加努力。一旦自己的行动也能让一起工作的所有人受益，店长的想法就会改变，行动也随之改变。

现场不断提出创意，总部不断进行支援。这就是我希望建立的机制。

二〇一七年秋，有乐町店的蔬果卖场举办了"蘑菇节"。这里面也有我的责任，是我忍不住对店铺负责人说："秋天到了，蘑菇正是好吃的时候，不如你搞个活动吧。"

结果认真的店员们集思广益，不仅要在卖场摆上各式各样的蘑菇，还要做蘑菇汤请顾客品尝。

那主意很不错。只是蘑菇这种食材很难区分可食用与不可食用，一旦用错了蘑菇，就会酿成无法挽回的大错。

总部完全可以取消这场活动，可是，总部的工作只是支援现场。

無印良品有一座露营地，那里有位当地的大叔非常熟悉蘑菇，品质保证部也可以请人介绍这方面的老师。就这样，在各个部门的支援下，蘑菇节平安结束了。

总部是现场的后援。无论反复说多少次，还是会有人觉得总部是店铺的上级。

我想改变这种已经过时的常识。

今后無印良品还会不断改变。除了销售能力，还要让全体员工努力提高咨询能力（让顾客可以毫无顾虑地咨询、为顾客提供建议的能力），极力扩大"MUJI SUPPORT"这种功能。将来，店铺里可能会配备熟悉各种领域的人，比如设计师、插画师、建筑师、木工、收纳顾问和服装食品顾问等。此外，我们还将继续推行"本土化"，与地方人士加强业务合作，共同建设更美好的地方环境。董事会正在讨论"是否应该继续使用'店长'这一称呼",目前已经任命了一位头衔为"社区经理"的店长到店铺中。

孕育 MUJI 的话语 40

公司结构的最上层是"思想"

无印良品的"大战略"是"起作用",在那个大战略之下,还包括公司未来几年的"愿景"和"目标"。这些都是类似中期计划的内容。

愿景和目标之下,就是创意和机制。为了达成那样的愿景和目标,就必须实现一些具体的创意。如果仅有创意很难持续,为了不断实践并改善创意,机制也就变得难以或缺了。

那些创意和机制都由既有良心和创造力,又有贯彻力的现场来实现。无论创意或机制多么完美,要是现场不去执行,就没有任何意义。

现场的贯彻力能通过反复练习培养起来,是一种重复性行为。

每个店铺半年要接受一次内部审核,基本上每天都有店铺在接受审核。

只不过,审核这个词听起来有些吓人。所以一开始并不会马上进入审核流程,而会先聆听现场存在的困难。所有审核人员都有做店长的经历,他们每到一个店铺展开审核前,都会先提问:"店里有什么为难之处吗?"

这样一来,不足之处也很容易被发现。有时候不同的店铺会发现同样的不足之处,于是我们就会想出一种机制去解决那个不足。比如如果有资料转录错误,那只要改变机制,去除转录程序,令其能被自动录入即可。创造机制的一方,也需要贯彻力。

"起作用"这个大战略就在这些细节的支撑下成立起来,在那个大战略之上,还存在着思想。

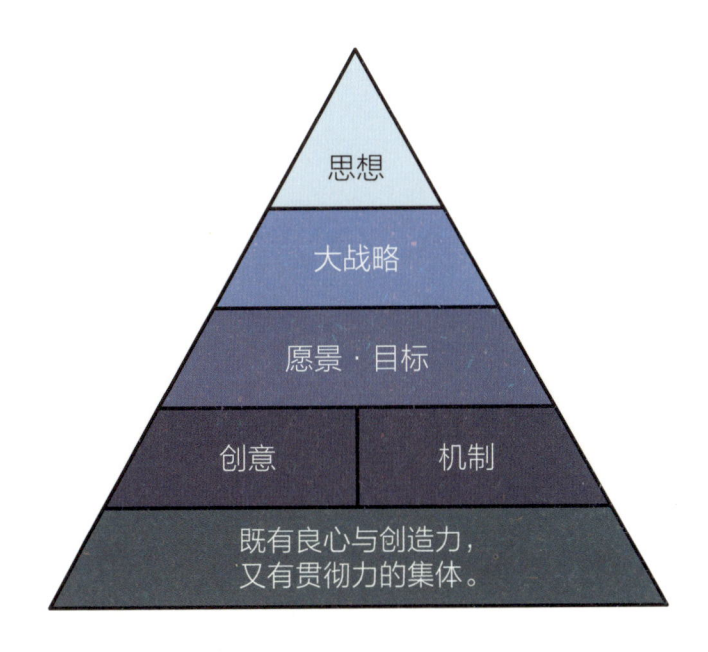

```
         思想
        大战略
       愿景·目标
     创意    机制
  既有良心与创造力，
  又有贯彻力的集体。
```

孕育MUJI的话语 41

共享理念

良品计画以"幸福→工作→风气→目标→幸福"这一循环为理念,并将它共享给公司内部所有人。

第一个幸福,是指员工的幸福。良品计画将其排在了第一位,并以此为前提展开工作。所谓"工作",就是不断探索无印良品的思想。在从事对世界有益的工作时,还要创造透明的公司"风气"。举个具体例子,比如WH运动,就是通过将好东西加倍(W)[1],将浪费减半(H)的活动来形成风气,从而使公司成长为世界级的高收益企业。

将员工的幸福排在第一位,因为那是我对员工的承诺。

一些认为公司属于股东的人会质疑,为何要把员工的幸福放在第一位。我想对那种股东说:"既然如此,你就把钱拿出来放着吧。"仅仅把钱拿出来放着,钱并不会变多。正是因为员工在完成工作的同时保持店铺清洁,提出新创意并改善机制,企业的价值才会提升,股价才会上涨。千万不要以为只要拿出钱、成为股东就能让企业价值和股价自动涨上去。成为高收益企业,是以员工幸福为前提得到的结果。

---

[1] 日式英语将"double"(双倍)发音为"daburu",一部分人将"W"也误发音为"daburu",故有将"双倍"写成"W"的用法。

此外，我也不希望员工对工作产生误解。

就算没有恶意，我也不希望员工认为提高收益优先于探索无印良品思想和做对世界有益的事。

收益不仅有好收益，还有坏收益。我们一定不能制造坏收益。

无印良品每年都会举办几次无印良品周。在活动期间，为了感谢无印良品会员平日的支持，我们会对会员开放九折购物优惠。每个店铺都会贴出这个通知。

活动期间，客人可以当场成为无印良品会员，并享受优惠价格。我们可以凭九折优惠的噱头现场招募会员，也可以在通知无印良品周的海报旁边贴上招募无印良品会员的海报。

但我们不想这样做，因为这样感觉不好。

无印良品周的举办预告通常会提前一周发布。这样一来，无印良品会员就会开始控制购买。因为他们知道马上就有九折优惠活动，所以这么做理所当然。

有一次，某个店铺张贴预告的时间晚了一些，因为店里有人认为，延后通知时间，就能减少控制购买现象。在活动开始三天前，那家店铺总算贴出了"下周是无印良品

無印良品
从日本之基本走向世界之普遍

自然、无名、简约、地球视野

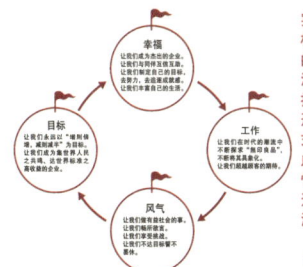

- 幸福
- 目标
- 工作
- 风气

实现明确而充满自信的"这样就好",这就是无印良品的愿景。保持长远的目光,洞察全球规模消费的未来,探索最合适的素材、制法和形态,将智慧化作生活的方式。让更多人产生"原来如此"的共鸣并接纳,形成理性的满足感。无印良品将通过这样的商品,不断提示生活的"基础"和"普遍"。

株式会社 良品计画

周"的通知。结果那一周的前半段时间,控制购买现象确实比往年减少了。

如果是把提升营业额作为最优先任务的公司,或许会表彰想到这个主意的人,但良品计画不会那样做。

第四章 孕育無印良品的风土和组织　171

孕育 MUJI 的话语 42

融入地球市民中,以人为主角的公司

企业会展开各种事业，进行各种活动。不过，让我们这种普通市民了解企业实际情况的途径却没有多少。于是，有实力的公司就会通过电视广告等手段向市民介绍其部分情况，令市民了解该企业的形象和事业内容，逐渐形成认知。企业通过投入研发，开发出市民很难自行生产的最尖端材料和技术，为社会做贡献并获得收益。此外，汽车、电机、信息技术和材料研发等专业性较高的研究者和技术人员还会在彼此切磋竞争中，不断探索能够改变生活和社会的领域。

说到认知，我听说过这样一个故事：一家以酱油闻名的企业发售红酒产品时，有客人饮用后产生了"有酱油味"的感觉。因为一提到那个企业，所有人都会联想到"酱油"，这个认知实在过于强烈，使他们在红酒领域的事业开拓异常艰辛。对此有人评价道，如果企业给人们留下的印象不是"做酱油的某某"，而是"做酿造的某某"，结果或许会不一样。

从这个故事可以看出，除了日常为人们所认知的形象和事业之外，一个企业要在别的领域得到生活者的理解和信任极为困难。另外，厂商和研究机构在印象上属于普通市民之"外"，对市民来说，里面进行的都是不可思议的研究和技术开发。然而，这些机构研发出的新材料和新技术，最后都会应用到社会和市民的生活中。

無印良品基本不做宣传，而是通过日常活动和每个店铺的行动获得市民的认知。我们希望，在各种活动和事业上，这些发自良心，希望做出贡献的心情和理念的产物能够得到市民的共鸣和接纳，并进一步转化为他们对良品计画这个企业的信任。

为此，我们要时刻注意不拘泥于企业的视角，而要从市民的视角去观察生活和社会，以地球市民的身份融入地区，让人成为主角、成为当事者、成为反复实践"起作用"这一目标的共同体。

"無印良品"不属于任何人，而属于社会。

如果有人问："你们的顾客是谁？"我想这样回答："顾客就是社会的课题，以及地区的课题。"

我们和支持我们的利益相关者将会一道解决那些课

题——我希望能以那样的無印良品为目标,在世界舞台上磨炼"良心和创造"的力量。

孕育MUJI的话语43

插手"三现"

无论说过多少次，我仍要强调，现场就是一切。现场很重要。现场的琐事非常重要。

可是，在总部工作时间越长、职位越高，就越容易不了解现场，或自以为了解现场，对现场产生想当然的态度，一旦被追问，却无法回答真实情况。

出于自戒之心，我认为绝不能变成那样的人。管理者的现场意识极为重要，我们没有浪费长年工作的经验，拓宽了视野，也提升了视角，那就要用双眼时刻关注现场，去发现连现场自身都无法发现的细节，"在现场虚心求教"。

每当我想表达这种重要的观念时，都会忍不住提出："要插手'三现'（现场、现有实物、现实）！"

孕育 MUJI 的话语 44

给出头鸟喂食

公司里有各种各样的人。有的人认真精确地完成自己的工作，有的人对自己工作以外的事情也会忍不住提出"这样会更好"的意见。

那些认真完成自己工作的人，可能会觉得额外提议的人在阻碍自己，打乱自己的阵脚，并对他们产生厌恶。出头鸟在一个组织里总显得有些格格不入。

在良品计画总部办公室，有人把自己"地盘"上的办公桌换成了木桌。这就是出头鸟。不过，这里面有那个人觉得好、觉得正确的理由。而我认为那个理由对大家都好，对大家都正确，便把办公室所有桌子都换成了木桌。

只要是好的，我就希望出头鸟的想法能够超出部门扩散开来。所以，遇到出头鸟，我都会喂食。说不定有一天，他就能高飞。为了得到那样的结果，我便去劝说周围的人，让他们也支援出头鸟。

与此同时，我也认可那些不当出头鸟、认真精确完成工作的人。因为全是出头鸟的组织也无法维持下去。那些认真完成自己工作，内勤外务都十分卖力的人才也格外重要。关键在于，让喜欢无印良品、希望无印良品变得更好的各种人才相互珍重，相互支持。

孕育 MUJI 的话语 45

公司的重要战略会议就是闲聊！

闲聊就是大家提出自己的想法，混合起来，等待化学反应。

让自己跟自己的无意识交流，自己跟自己产生反应，再让那个自己与他人交流，混在一起产生反应，最后共享那个反应生成的坐标轴。这就是公司战略会议的流程。

良品计画现在依旧在每周一和周二早上召开高管聊天会，周二和周三下午与营业部门及商品部门一起召开大聊天会。周五晚上则是各个课和小组单独召开聊天会。我认为，聊天会是很重要的战略会议。因为人一旦被放任不管，就会逐渐故步自封。

本节将要介绍二〇〇二年无印良品业绩急剧下滑之前的情况，以及为了从那个位置创造新的愿景，与顾问委员会闲聊讨论的回忆。这些或许可以称为让無印良品延续至今的名言。

从生活者的视角审视商品，满足商品基本的必要性，省略除此之外的冗余，但不一味追求廉价。这就是无印良品一开始的商品概念。其视角和用心之处得到了众多人的认同，在已经发展到极致的消费社会中，甚至让人感觉到了高尚的精神。可是一九八五年广场协议签订以后，日元不断升值，商品进口规模迅速扩大，企业的海外生产一口气加速，中国开始被称作世界工厂。能够迅速、大量、廉价进行生产的最尖端设备接连不断地被引进，像无印良品这样"重新审视素材""探讨工序""简化包装"的单独行动反倒变成了增加成本的结构。

此外，包含良品计画在内的流通业，还诞生了"策划、制造、零售"（美国时装品牌GAP所说的SPA）这种经营模式。一般来说，SPA是单独从事时装行业，或单独从事家居时尚行业这些单一品类零售业者使用的经营模式。而無印良品商品涵盖面广，优先思想性，并从生活者的视角下功夫。与之相对，单一品类的SPA则突出其压倒性的廉价优势，被称作"品类杀手"。

在这个巨大的结构变化中，無印良品和良品计画发展失速，浪费了整整三年的时间，到二〇〇三年才开始恢复。

其直接原因就是集团内部问题凸显和零售业的经营模式变化，但我认为，还有一部分原因在于良品计画虽然继承了無印良品的经营，却在环境变化中不再讨论"無印"

的立场和"良品"的坚持。

二〇〇二年,原研哉先生接过田中一光先生的衣钵,与产品设计师深泽直人先生一同成为顾问委员会的新成员。田中先生于不久后溘然长逝。不过,两位新成员和杉本贵志先生用将近一年时间彻底聊出了無印良品的前进方向和未来,酝酿出了不求"这样才好",只求"这样就好"的概念。

闲聊中,几位人士做出了以下发言。

杉本先生:

"目前时代正在激变,所有行业、社会整体,包括政治和经济都参与其中。其丰富的尺度,以及二十世纪后半期的大量生产大量消费中孕育的最大矛盾就与如今的社会变革深深关联。在商品层面,以往界定畅销商品和好商品的尺度也开始动摇。幸运的是,無印先行一步发现了这个问题,而这个发现本身就存在价值。只不过最近过分强调资本的逻辑,过分追求急速扩大和快速成长,使得那种价值被遮蔽了。無印良品的出发点,难道不是满足世间的需要吗?無印良品究竟以什么为目的,是否有感受力,这些反而都是次要问题。我认为我们应该讨论的,是十年后、二十年后,我们如何去完成社会责任。"

深泽先生:

"有个词叫'New Rationalism'(新合理主义)。Rationalism 是什么呢?就是用推土机把遍地的障碍物全部推到一边,让道路恢复畅通。我认为無印良品曾经是那样的公司,只是在用推土机推开障碍物之后,自己又往路上摆了许多东西。岩波新书发刊时,岩波茂雄曾提到过'批判的精神与良心的行动',我觉得那句话很有無印感。世间总是在右倾或左倾,要么做过头,要么做不够,无论如何都会与'刚刚好'擦肩而过。無印良品要时刻提示这个'刚刚好'的尺度,这是它的工作,也是使命。所以無印良品不会制造'First Wow!'只制造'Later Wow!'。另外,不能做成同色的东西,就不可做成同色。"

原先生:

"我切实感觉到世界的想法正在改变。'新'这种价值观,一是指发现前人未发现的东西 =Innovation,二是指今天的东西到明天可能变旧=Style Change。各种商品都在靠这种方法增加销量，催动经济发展至今。为此人们使用了设计，而设计这个词本身也早已脱离了本质，并且，人们都开始感到疲倦了。他们开始追求'普遍性'和'世界合理价值'。在这个时代的商业世界，拥有某种强大力量的集团开始独占利益，'低成本国家生产，高成本国家销售'的概念本身开始走向衰退，若对某种普遍价值观的形成没有助益，不能带来合理价值，就无法得到支持。现在，無印良品有必要再次回忆起'长远Perspective'。我不想再听到一点一滴的积蓄或细致入微的讲究这种说法。我们应该立足于更长远的Perspective，改变二十一世纪的并不是从未有过的东西，而是'为人们所熟知，却得不到理解的东西'。在那些东西的变化过程中，时代也随之变化。为此，無印良品不是要向世界开放，也不是要在外国开很多店铺，而是要与全世界的才俊展开交流，去设想假如無印良品诞生在意大利、诞生在中国、诞生在泰国，将会是什么样的無印良品。这不是设计，而是终极的设计。我希望称它为'World MUJI'。"

在这样的闲聊中,公司的方向和愿景都渐渐成型,并细化成了二〇〇三年的报纸广告、米兰家具展参展、TOTO画廊·间的谈话活动等。

说个题外话,二〇〇三年四月的米兰家具展是无印良品参加的第一次展会,对我来说印象深刻,而且意义非凡。事情起源于上文那场聊天会的后半段,有人提出把MUJI带到米兰家具展去。我很想把大家闲聊中浮现的概念都实现,更想让当时失去自信的商品部成员重新振作起来。

然而,在二〇〇二年十月那个时间点,我们尚未具体决定参加什么时候的米兰家具展,场地在哪里,一切还只停留在闲聊中。后来仔细一查,发现米兰家具展每年四月举办,而当时已经是十月了,就算马上开始准备,也只能参加一年后,即二〇〇四年的展出。不过,到了二〇〇二年十二月,一个熟人告诉我"找到好地点了"。我过去一看,发现那是个非常酷的工厂旧址。于是我马上给杉本先生、深泽先生和原先生打电话,决定在杉本先生经营的店里碰头商谈。当时是十二月二十日晚上。我们的聊天内容八成都是美食,两成才是家具展的印象和概念。最后相约年后再见，互相道了"新年好"便解散了。当时我心里非常不安，不知道这件事能不能顺利办好，能不能赶得上时间。

元旦过后不久，我们就火速定下了概念和会场设计，商定展示商品，把商品运送到现场，选好施工单位，签下会场租赁合同……在此期间，电视新闻上不时报道伊拉克爆发战争的可能性。

我们频率密集地召开了四次碰头会，并于二〇〇三年二月赶赴米兰敲定合同和施工单位。可是，由于本公司制作的合同草案上有一条"若爆发战争，家具展随之终止，本合同自动作废"的条款，引发了整整四小时的大争论。除此之外，每天报到酒店的本公司日本销售业绩一直不理想，让我整个出差期间都呆看着电视上伊拉克坦克和士兵的画面，抱头感慨："啊……我到底在干什么……"心中充满不安和担忧。

四月上旬，我再次来到米兰确认会场的准备情况。不愧是意大利，所有工期都延误了。我先犒劳了提前过来进行会场布置和展品陈列的公司员工及过来帮忙的当地大学生，然后交涉了工期的问题。杉本先生、原先生和深泽先生随后也纷纷到达，进行展览的最后加工。

开展前夜，晚上十点多，所有人都准备回酒店了，只有原先生独自留了下来。他一个人攀上作业台，想把墙面上那幅乌尤尼盐湖的大视觉照片上的皱褶去掉。

第二天早晨我们进入会场时，原先生还在跟皱褶苦战。我还记得当时自己把早饭递给他，并安慰道："剩下一点点没办法了，还是放弃吧。"

米兰家具展开展当晚会在会场举办派对。米兰这时还很冷，于是我们请当地员工找来几台暖炉放在会场中。那本来是为了给到场客人增添些许温暖，谁知几小时后，原先生与之彻夜搏斗的大视觉照片上的皱褶竟消失了。只见画面绷得又平又整，一丝皱纹都没有了。所有人见状都大笑起来。

会场是个两层楼的不锈钢工厂旧址，厂房面积约有八百二十五平方米。我们原本将一楼设为派对会场，并准备让客人利用电梯前往二楼展示会场，然而电梯正好出了故障，没时间修理。最后我们就把行程改为由客人一边思考"What is MUJI？"一边在黑暗中"哐哐哐"地登上脏兮兮的铁楼梯。登上二楼的瞬间，眼前就展现出一大片展示空间，连我自己都被無印良品的世界观和氛围之美惊讶得浑身泛起鸡皮疙瘩，眼泪都溢了出来。

在米兰家具展这个世界最大的家居家装盛典期间，米兰全城充斥着各种设计，而这个空间释放的凛然之气与那些否定了装饰的無印良品展品群立刻成为人们热议的话题。每天都有许多人对着"MUJI"目瞪口呆，随后叹息一声，换上言语无法形容的笑脸。

通过这次展会，我们还邂逅了许多设计才俊，为以后的工作打下了基础。一九九八年我们已经访问过恩佐·马里和康斯坦丁·格里奇，并请他们跟生活杂货部展开了合作。借这次展会之机，我们又加快了动作，先后找到贾斯珀·莫里森、詹姆斯·欧文与萨姆·海特等人展开交流，并在后来请他们为MUJI完成了重大工作。我真心佩服在二〇〇二年困难时期加入MUJI的原先生、深泽先生和杉本先生，他们都工作繁忙，却为了一点小小的讨论（虽然大部分时间都在谈论美食）专门聚到一起，并创造了如此惊人的感动，让我深深感慨，这几位真不愧是真正的专业人士。这次家具展的成功，都要归功于本已沦为表面形式的顾问委员会的成员的再次团结合作。

"重要的战略会议就是闲聊。"不分上下,不分内外,只针对时代中的违和之处,以及过分和不足,秉着批判的精神和良心的行动,站在無印的立场上寻找"刚刚好"——从这样的闲聊中,可以预见未来。

孕育 MUJI 的话语 46

人与公司终有一死

人终有一死，公司终有一天会倒闭。只不过，公司还有持续下去的可能性。在这个号称人活百岁的时代，我们在临死前这段漫长的时间里，要不断打发时间活下去。打发时间也分很多种类，有一些打发时间能让人高兴，还能为他人起到作用。换个说法，那就是工作。没错，良品计划的主张就是：既然都是为了打发时间而工作，干脆为他人起到一些作用，开开心心地做吧！

整个社会都持有这个观念：所谓工作就是以劳动换取金钱的过程。于是构成工作的双方就成了付出劳动的劳动者，以及购买劳动的资本家。

然而，在那个价值观诞生之前，在人类被分为劳动者和资本家之前，工作其实等同于生活，同时也是为家人和邻人起作用的事情。

产业革命以前的劳动者都是"LABORER"。产业革命刚开始时，英国的LABORER们曾经组织过暴动，用铁锤和斧子砸碎夺走他们工作的新型机器和设备。

在后来的工业化社会，劳动者成了"WORKER"。WORKER在名为公司的组织管理下各自被分配任务，并负责完成工作。

面对即将到来的第四次产业革命,处在高度信息化社会的我们应该如何劳动?我认为,我们应该更具人性,在以人为本的价值观和感觉的基础上,不断磨炼自身的技能与兴趣,给人们带来感动和共鸣。到那个时候,我们将会进入"PLAYER"阶段。

比如棒球选手铃木一朗、指挥家小泽征尔和搞笑艺人,这些人都从事着名为"PLAY"的工作,超出一般人的想象。其结果就是,他们都赚到了很多钱。既然都要工作,为何不起到一些作用,得到人们的感谢,让大家高兴的同时,又能沉浸在自己喜欢的事情里呢?无论是工作还是PLAYER,都不分贵贱。

孕育 MUJI 的话语 47

员工用智慧和心思创造了"永不完工的办公室"

无印良品是什么这个问题，没有固定答案。同样，良品计划的工作也没有完成之日。

工作就要在做的过程中不断思考怎样才能做得更好。"Kaizen"[1]这个词之所以诞生并传遍世界，正是因为全世界的人在震惊之余，接受了"现在的工作并不算完成，还存在许多改善余地"这种日式的思考方式。

在贫富差距大的国家，现场不会发挥自己的智慧去改善工作方式。零售业也一样。一些国家的员工会忠实遵照总部的指示完成工作。另一些国家则要手把手教会店员陈列商品和进行打扫，还要时刻监视他们是否按照规定的方法完成了工作。

不过，"Kaizen"则要信任现场，跟伙伴共同思考。如果将它认定为最好的工作方式，就扼杀了其他更好的方法。

二〇一七年春，良品计划以员工自身为中心展开了总部办公室的装修改造。我们使用一直以来都会被丢弃的杉

---

[1] 即"改善"。特指日本制造业中，围绕工厂作业人员展开的行动和战略。包括改造生产设备、更新工具、提高效率、加强作业安全性、预防品质不良等一系列生产改善活动。

木余料制作办公桌和文件柜，整个活动的概念定为"永不完工的办公室"。这项作业告一段落之后，依旧会有员工去发现更方便工作的细节，在商讨之后进一步"Kaizen"。

就算花钱请专业人士提供构思，将办公室装修一新，让人眼前一亮，那种感动持续一个月也就消失了。我认为，那样绝对无法提高生产积极性。以前，担任社外董事的佳能电子酒卷久社长曾说，工厂的合同工会主动把自家盛开的花带到公司来装饰，于是酒卷先生也十分高兴。我自然也把理想定为了那样的公司环境。

在無印良品总部，全体员工每天早晨都会打扫自己身边的区域。

规定的五分钟打扫时间其实很长。每天花这么多时间打扫，就再也没有需要打扫的地方了。

尽管如此，员工们还是会每天早上照例打扫。如此一来，原本"今天打扫这里"的意识就变成了"有没有需要打扫的地方"。员工们的视野由此变得更开阔了。

然后，此前并未注意到的东西，就会变得异常清晰。这块污渍是怎么回事？为什么这里会有这种东西？员工们会生出种种疑问，说不定还能转化成想要改善的想法。

　　顺带一提，这个早晨五分钟的打扫时间还跟伸展运动时间组合在一起。员工们自己制作了视频，每天跟着视频画面一边进行伸展运动，一边打扫卫生。

　　据说他们还管这个叫"拉伸清洁"。

孕育 MUJI 的话语 48

工作者会改变工作、改变公司、改变社会

说到底，企业就是工作者的集合。

其中工作者的总和与乘积，就是企业实力。

良品计画有前会长松井忠三时期创建的业务标准化委员会这个组织，还有MUJIGRAM和业务规范书这些指南手册。

上面提到的指南不是为了固化工作，而是为了让员工先尝试使用最好的方法，然后去思考并寻找更好，甚至进一步的方法，再反馈到指南上，不断进行修订。在按照指南工作的同时，不断朝更好的方向进发。如果不是为了这个目的，那么指南就没有存在的意义。

不过，良品计画其实花了很长时间才形成这种想法。早在一九九六年，良品计画就推出了MUJIGRAM的原型，但迟迟不能形成公司风气。后来松井先生就任社长、会长，找到社外董事饰梦乐公司（Shimala）的藤原秀次郎会长（时任），彻底学习了饰梦乐公司的指南和机制，同时带着决心和韧劲儿不断尝试，总算推动了指南融入公司风气的进程。

近来人们在热议工作方式改革，而良品计画早在二〇〇七年前后就开始了以缩短劳动时间和减少加班为中心的改革。在最初那两三年间，我们不得不忍耐"管理层什么都不懂！"的指责。不过，现在可能已经没有一个人想回到从前，所有员工都对改革感到满意了。

经营工作就是踩动一开始无比沉重的踏板，并在车轮动起来、踏板变轻之后及时换挡，让现场成为主角。若在现场能够感受到工作的价值和自身成长，挡位自然会越调越高。不过跟自行车不一样，公司的挡位可以无限上升。

我认为，如果员工身为一名生活者和市民，能够对公司的思想和目标方向产生共鸣并接纳，那么个人和团队组织的工作自然会对社会有益，让社会朝更好的方向发展。在这个发展中，又会诞生出新的工作和新的业务。

以人的逻辑展开思考的無印良品，产生的想法会与众不同。

在共享单车领域，我们会在使用新车前，首先考虑能否利用人们丢弃的自行车，进行整修后投入使用。针对婴儿床，由于现代生育率日趋降低，我们会考虑制造"非卖品"婴儿床，专门用来出租。另外，还可以回收人们不穿的衣服，经过蓝染再次销售，或是转化为酒精作为能源二次利用。总之，现场创意的工作跟以前相比越来越多，仿佛正朝着与社会进一步加深关系的方向发展。

第五章 無印良品是空,因此无垠

——大战略"起作用"拥有无限可能性

孕育 MUJI 的话语 49

磨炼"本职能力"

如上文所述,"工作者改变社会"的活动与我们的主要业务密切相关,而且我认为这也是主要业务之一。

我们以"本地化"为口号,以店铺为据点,展开了各种各样的活动。在这个不断收缩的社会中,如何为"感觉良好的生活"做出贡献,这个问题对企业寿命有着极大影响。我希望请到拥有各种才能,而且对那个目标心怀共鸣的员工来我们的店铺里工作,同时跟公司外部各种有能之士产生联系,让無印良品的店铺成为实现"感觉良好"的平台。

昭和二十三年(一九四八年)创办了月刊杂志《商业界》,以商人的逻辑解释了日本零售业实态的仓本长治老师,曾经对一位年轻的创业者这样说:"今后拯救日本的,将会是与地区紧密结合的商人。"那位年轻创业者的企业后来成为代表日本的大连锁品牌。仓本长治老师的这种语录随处可见,因此我时刻把它和良品计画全体员工人手一册的手帐型"無印良品工作手册"一起随身携带。

站在仓本长治老师的视角来思考,现在零售业的使命,就是找回一度失去,或是被割裂的"自然与人""人与社会""人与人"的关系。零售业可以做到这点,可以成为制造者与使用者、生产者与消费者之间的桥梁。无印良品的店铺都开在人们集中生活的地区，并在那里设置名为"Open MUJI"的交流场所，这样就可以找回人与人的关系，让大家能够共同为感觉良好的地区付出努力。正是因为零售业拥有开放的空间，这些行动才更容易展开，相对而言，制造业则无法完成这种工作。有很多工作只有制造业能够完成，零售业做不了，不过也有很多工作零售业可以做，制造业却做不了。

带着这种新的使命感磨炼本职能力时，我们的员工首先要拥有更多样的才能和技能，我们的商品也应该更加深入生活的基本领域。在此之上，我们还要采取能够为地区每个角落起到作用的开店方法，同时也要思考网站等数字网络的应用方法，不断改造自己的公司。

将来，时代需要的人才是具备了信息编辑能力的人才。曾在经济增长期大展身手的、仅擅长信息"处理"的人才，放到未来可能无法开拓出一片新天地。信息编辑能力是指基于目标方向和强烈的愿望，将各种信息串联起来，通过与他人的闲聊对话也能得到一些启发，并将那些启发和信息在脑中进行组合，最终转化为创意的能力。这种能力唯有经历过大量不同业务，并有所成就的人才能掌握。

"良心与创造力"能够改变公司、改变社会。它的开端，其实就是每天都在进行的"问候""打扫""整理整顿""工作简化"和"闲聊"。我认为，只有公司和社会才能了解人们不同的价值观并取长补短，从而有可能做出一个人绝对无法实现的巨大贡献。

孕育 MUJI 的话语 50

从地方起步的未来

我们从二〇一二年开始使用"从地方起步的未来"这句话。在东日本大地震中，我们强烈感受到了"对自然的敬畏""对共同体的认知"和"不要做对外竞争的公司而要做与自身竞赛的公司"三点，并将其作为不可遗忘的信条。而这些，就成了我们将目光转向地方的契机。

在此之前，我们一直认为無印良品就是都市生活必备的商品群，只有在消费社会的竞争中，其思想和概念才能被接受并起到作用。我们甚至以为，在自然环境丰富，不存在过度消费的地区，無印良品的商品群看起来只是朴素而没有趣味的商品罢了。

然而实际深入地方就会发现，现实非常严峻，我们一心以为还保存在那里的充满人情味的人与自然、人与共同体的关系已经极为稀薄，只有一部分有识之士真正意识到了地方的问题，并热情地投入了无偿的活动。不过，以地震灾害为契机，意识到地方现状问题的人越来越多了。

我老家在长野县，从我自身的经历仔细思考，就会发现二十世纪六十年代日本经济高速增长期，第二产业的劳动市场急速扩大，使得滞留农村的青年不断被城市吸收，第一产业从业人员大幅减少，地方受人口减少与老龄化问题影响越来越严重。尽管如此,那里的情况也比城市更好,因为地方勉强保存着传统的思考方式、风俗习惯和生活文化。于是我们开始设想,从地方起步,或许能恢复一些我们已经失去的重要内涵。

重新认识第一产业的重要性、灵活运用未被开发的资源、激活沉睡的"卷帘门一条街"[1]、将众多赤字运营的露营场和道路驿站转为黑字……许多有识之士正带着极大的热情,投身于解决这些地方问题的事业。我们则在与他们合作的过程中,不断思考如何"起作用",从力所能及的事情开始,共同推进问题解决。通过这些活动,公司外部人士的积极想法和行动力深深刺激了良品计画内部人员,使我们能够回顾自身的工作,不必像大企业那样投入大量资金,就能体验到为达成目的而激发的创造力,以及结成伙伴关系的过程。在这个过程中,良品计画就像注重"让现场成为主角"一样,注重"让地方的人成为主角"。通过循序渐进的机制建设,让地方的居民作为当事者活跃其中,继而成为能够自行发展的群体。这个行动还需要讲究跟地方群众交流的方法,以及各种经营管理以外的实务方面的专业

---

[1] 指店铺纷纷倒闭关门的旧商店街。

技能。而良品计画,就掌握了这些技能——

①建立概念:能够较为简单地,基于无印良品的视角和思考创建概念。这是本公司员工的擅长项目。

②空间设计和装潢相关的知识与技术:本公司集团下辖从事住宅和装潢策划及销售的MUJI HOUSE公司,内部也设有擅长室内装潢设计的IDÉE部门,又设有室内装潢顾问以强化相关合作。与此同时,我们还与一百家有良心有品位,实际业绩也十分优秀的装潢相关外部企业保持着合作关系。因为目的在于提高店铺和其他地区独立的空间设计能力,各个店铺的店长和室内装潢顾问也积极跟外部企业合作并不断学习。甚至还有员工准备考取一级建筑师资格证。除了室内装潢顾问,公司内部还设有收纳顾问、造型顾问(服装、杂货)、品鉴顾问(食品)等资格认证,目前在全世界共有专业员工一千四百多人,今后也将进一步扩大专业员工的种类和人数。

③交流与数值:指语言学、文章撰写和编辑、创建商业计划书、计算投资效率等技能。语言学以英文和中文为中心,数值则指损益表和资产负债表的解读等基础能力,

目前正在敦促全体员工学习。

像这样，为了在推进本土化进程中起作用，我们也有必要习得超出传统要求范围的技能。无论作为公司还是个人，有目的的学习都能够让人切实感受到成长和进步，是极为快乐之事。

另有一点，二〇一五年公司设置了"社会公益事业部"，以推进本土化进程为主要工作。部门内设有"地方公益负责人"和"空间公益负责人"，与"生活良品研究所"合作，充当推进本土化进程的火车头，通过酒店事业、公共设计、空屋对策和道路驿站活化等活动，为店铺的本土化提供支持。

世界由"地方"构成。所谓地方并不仅指乡村，池袋和有乐町、伦敦和巴黎，这些都是地方。而让地方成为地方的，就是人与人的关系。池袋住着什么样的人，有什么样的人在那里工作，有什么样的人前去消费，这些人与人的关系，就构成了地方的形态。

本土化活动中有许多前所未有的事态，当然也存在风险。正因为如此，我们定下了三条规矩，并将其传达给全体成员。

不要给一个人施加过重的负担!

但也不要过分增加人手!

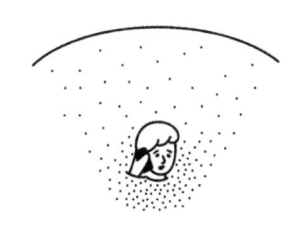

要是有烦恼和难处,在为时已晚之前找人商量!

第五章 無印良品是空,因此无垠

孕育MUJI的话语51

从思想延伸出的各种活动

無印良品如果組建职业棒球队，那会是一个什么样的队伍？

無印良品如果研发自动驾驶的汽车，那会是什么样的汽车？

無印良品如果成立一所托儿所？

如果开发合租公寓？

如果创办旅行社？

如果开办地方超市？

展开这些空想时，脑中可能会出现"大概是这种感觉"，或"可是绝对不能这样做"之类的概念吧。我认为，这就是無印良品内涵的思想之力。由此可知，"無印良品"并不是商标或标识。不过，要回答"無印良品是什么"，却不存在简单的答案。说不定"什么东西不是無印良品"这个想法更容易导出答案。

鸭川傍村山林信托项目

二〇一三年二月，千叶县鸭川市一位梯田从业人员发来一封邮件，内容是："由于老龄化和后继无人，这里的梯田将要消失，能否提供帮助？"以此为契机，我们在二〇一四年开启了"鸭川傍村山林信托"的援助项目。

这个项目主要以生活良品研究所和地方公益负责成员为中心展开活动。我们在网站上向居住于东京近郊的無印良品顾客发出呼吁，请他们来参加水稻种植、除草、收割、收获节活动和注连绳编织等活动。有许多家庭带着年幼的孩子参与进来，平时听不见孩子声音的寂静山林里，响起了抓到昆虫或是青蛙后兴奋不已的稚嫩喊声。从城市赶来参加活动的人，以及为了这天而积极准备的地方村落的老爷爷老奶奶们都露出了开怀的笑容。项目持续了五年，到二〇一八年已经发展成了每月一次的例行活动。

从"鸭川傍村山林信托"起步的活动，后来又逐步扩大到了各种领域。"無印良品的小屋"和建筑家塚本由晴先生设计的"梯田办公室"便是其中的部分成果。"梯田办公室"在宣传住宅"新常识"的"HOUSE VISION 2"展会上展出后，又实际修建在了梯田顶端。本公司将一名员工调动到了"梯田办公室"工作，今年预计还将建成梯田农耕劳作后使用的"澡堂"。我们还通过调动到梯田办公室的这名员工，在与地区保持沟通的同时，开发了名为"日本酒"的日本酒商品。我们与地区自治体合作，积极改造已被撤销的小学校园，并在其中一所校园设置了附带无印良品小屋的菜园。此外，我们还策划设立农业法人，对弃耕地进行再利用；为重振连续赤字的道路驿站，由良品计画以"乡村的MUJI"为名进行改造。每参与一个项目，都会扩展到各种事物上，让人切实感受到人与人合作的力量，以及集中了各类人才的企业的力量。

我认为，从无印良品的思想中延伸出去的商品、店铺和活动相辅相成，发挥了成倍的效果，并开拓了一片能够实现良好循环的世界。我们在"起作用"这个口号下工作，要不断展开新的挑战其实非常艰难。我们每一次都要不断学习，都要得到许多人的协助，但是每次挑战都会回归思想，创造概念并实行，从而实现我们自身的显著成长，从中获得自信。通过反复挑战，就能掌握以无印良品的视角寻求解决的方法和思考模式。那样一来，无论是棒球队、托儿所，还是养老院或合租公寓，我们都能以同样的方法去创建。

MUJI HOTEL——初见的普通

二〇一八年一月，我们在中国深圳开设了第一家MUJI HOTEL。

早在三十年前，无印良品就有了办酒店的想法，堤清二先生也做出过指示。现在，我们终于办成了。

其实在深圳之前，我们曾经有项目计划利用西班牙和京都的古建筑改建酒店，然而出于种种原因未能实行，于是深圳新建的酒店就成了第一号店。我们还在北京、银座陆续开设了酒店。

我们感到目前的酒店存在两极分化现象。五星级高端酒店和廉价的酒店分处两极，而"刚刚好"的酒店则呈现一片空白的状态。这个"刚刚好"的空白，在经营酒店的人眼中恐怕属于不上不下，很难做生意的空间吧。然而在住酒店的人眼中，那却是一片充满魅力的空间。在MUJI HOTEL，"刚刚好"的观念更容易传达给顾客。MUJI HOTEL的概念是"反奢侈，反廉价"。其主要特征有三个：

①不将顾客分级，成为辅助旅行的酒店。

②用简朴而优质，充满创造性的空间和服务，打造感觉良好的酒店。

③在地方开设,构成连接地方与世界之桥梁的酒店。

我们请负责该项目的人员做了"初见的普通"这种设计。我们策划酒店的优势,在于空间设计和施工上可以沿用全世界無印良品内部装潢使用的素材和施工。这样一来,就能减少初期投资。此外,我们无须使用遍布网上的酒店介绍网站也能完成集客,因此节省了额外的费用。酒店内使用的物品当然都是無印良品,因此能让顾客试用到無印良品的床、床单、牙刷、茶等商品。与此同时,酒店还可测试無印良品的商品用作商务用途时的耐久性和使用体验变化,并以此为基础进行商品开发和改良。

进一步扩大"起作用"的活动——修行之地

良品计画在"MUJI HOTEL"的工作并非经营酒店,而是策划。酒店的开发和运营由别的经营主体负责,我们则进行策划、制订投资计划、损益计算、集客和运营等级检查等活动。这是只与值得信赖的伙伴合作展开的经营项目,从中得到的低负重感使我们能够大胆展开将废旧校舍改造为酒店、将空房改造为住宿设施以及让陈旧的温泉疗养场所重焕魅力的行动。

保持这样的态势,我们的策划工作不断扩大。比如协助面临老龄化和空房问题的住宅区再生,让地方商业设施和卷帘门紧闭的商店街再次活化,为养老院进行劳动环境和空间的设计,帮助自治体运营的赤字露营场改善经营,为购物广场的公共部分设计整体概念和家具等。

发掘日本各地好东西的"诸国良品",有效利用洗衣机上方和马桶上方空间的平价"架子安装服务",可以单独购买一个茶壶盖的"MUJI SUPPORT",以及把孩子长大后不要的童装送给有需要之人的"旧物传递日"等,这些店铺内外的活动都在现场的创意和执行力之下不断扩大。我们还计划让店铺员工最终突破销售员的身份,成长为顾问角色。店铺运营及周边活动虽然才刚刚开始,但我希望通过这些活动,培养能够在世界实践的"探求无印良品,在时代的要求中体现的个人与组织的'良心与创造力'"。

二〇〇五年前后,一位记者评价堤清二先生"一手带大了Saison集团,在八十年代引领了包含Saison文化在内的一系列革新"。他本人则回答:"不敢当。那算不上什么革新,实际只是为了生存在悬崖边缘苦苦挣扎。"然后他继续说道:"好事不长久。如果安于现状,企业必然衰败。让经营持续发展,是一场以组织为主体的永久革命。社长不能去想我的任期还有多少年,可是一旦成为永久社长,也必然导致腐败。正因为这样,才说企业经营是以组织为主体的永久革命。"

我们很清楚堤先生创办的二百多个公司命运如何,也很清楚Saison集团为何会消失。他以多元化战略创建了许多公司,并在公司里安排一个社长头衔的人物。那些社长全都只对堤先生负责,而不深入重要的现场,坚持着大企业的骄傲,从不把目光向下移动,养成了向上看的企业风气。结果,这个评论家集团就失去了思考力、行动力和凝聚力。所以,我们从事的各种活动都在探求思想性,锻炼可实践的个人与组织的能力,通过培养"起作用"的技能来锻炼"本职能力"。

無印良品的职业棒球队(一个与棒球毫无关联的设计师的妄想)

从前,一位设计师写过这么一段话:

（前略）無印良品如果拥有一支职业棒球队会怎么样？那里应该看不到明星选手，却会集了许多像碎香菇一样不起眼但确实拥有实力的选手。打手不会打出精彩的本垒打，而是量产许多高质量的安打；投手已经四十几岁，球速虽然不快，但是能够用投球术将对方打手玩弄于股掌之中；内野手则业务熟练，行动效率极高。这就是让内行人无不为之喝彩的、無印良品的棒球。

这种情况下，教练也需要是凭逻辑而非感觉进行指挥的类型。球队的表现乍一看很平凡，战术的作用却非同凡响。

当然，这种设想并不是为了狭隘地否定集中了著名选手的一流品牌队伍。因为那样的队伍必须更进一步强化战斗力，直到强大得令人讨厌。而在职业棒球整体经营的理念中，需要的正是运用巧妙操作，从艺术上击败那种队伍的视角。

無印良品这个品牌的独特之处，就是以一流品牌强悍得不合情理的存在为前提。在此基础上，用尖锐而合理化的概念，去挫败君临业界的大品牌。如果他们真的组建了这么一支棒球队，那我由衷地希望自己能够为他们设计队服。

出处：《日本经济新闻》※ 括号内为编辑部添加内容

这是二〇〇一年二月三日刊登在《日本经济新闻》晚报上的文章，作者是当时尚未成为无印良品顾问委员会成员的原研哉先生（令人佩服）。

孕育 MUJI 的话语 52

我们这些"笨蛋"

无论是在公司还是在家里，我总会不自觉地说些很粗俗的话，其实我的信息来源非常简单。只不过，我就算走在路上、看着电视、吃着饭、坐在电车上，都会注意到各种各样的细节，对这点我感到很奇怪。我每天读两份报纸，早报晚报都不错过，遇到感兴趣的报道就撕下来留着，趁坐车或空闲的时间仔细阅读。如果还想知道详情，就会到网上检索信息，或是买书回来看。

我最留意的报道通常是让我作为一个人感到愤怒或是可悲的事情，因为里面透露了人类任性的想法和行动。比如国与国的争端和掠夺，政治和政治家的作为，企业的不正当行为和过度的市场竞争，媒体的偏颇报道，等等。针对那些人类行为，我心里总会想"我们人类真是蠢货"，并且偶尔会当着大家的面说漏嘴。虽说如此，支撑我不断创造、激发活动创意并成为我原动力的，也是这些违和感。

我还有另外一个原动力，那就是报道中展现出的社会问题。其中有地区问题，有人口问题，也有产业结构的问题。比如日本的第一产业由于后继者不足、廉价进口产品增加和技术渗透迟缓等原因，正面临着极大危机。

我认为，农、渔、林、畜等第一产业是极为重要的产业。我们轻视满身汗水的劳动，而把坐在办公室里敲键盘当成更好的工作，这种错误意识好像已经持续了好几十年。

在种植水稻的地区，农家、村民自江户时代起便一直保持着的共同体机制，共用水源、共同维护的地方秩序，以地区祭典、婚丧嫁娶等仪式为代表的传统活动，以及"彼此彼此""托您的福""劳您费心"这些重要的文化精神，都成了产业结构变更和方便、富足生活的牺牲品。在未来的AI时代，究竟还会变成什么样呢？

据说在不久的将来，小学将把英语和电脑编程设为必选课程。我认为这很有必要。但是我也认为，学习水稻种植、蔬菜栽培，到山里学习分辨可食用和不可食用之物，也是极为重要的教育一环。

二十一世纪，世界人口将持续增长，向一百亿人迈进。人们的饮食生活已经实现全球化，随处可听到："这个牛排真好吃。""这个金枪鱼的肉太美味了。""这个红酒太棒了。"像曾经的日本那样，世界每个角落的饮食生活都在不断变化。在这个完全变了样的世界里，万一我们这些不懂得自己获取食物，也不懂得栽培食物的日本人遇到食物匮乏的情况，究竟有哪个国家愿意出口给我们呢？

我认为，孩子们需要掌握人类作为生物活下去的力量和智慧。

与此同时，日本又是个广受惠泽的国家。这里四面环海，几乎所有地区都位于温带，四季分明，雨水充沛，水质优异。每个季节都能栽培多种多样的蔬菜，可以培育出不逊色于世界任何地域的优良木材，每个季节的大海里都生活着丰富的鱼虾贝类。在这几十年的极速现代化进程中，我们是否遗忘了这个国家丰饶的自然？

無印良品力量虽小，但会尽量与日本全国的生产者和生活者展开交流，通过开设如同集市的卖场，为感觉良好的生活和社会做贡献，并不断努力下去。

我讲到了一个艰难而巨大的课题，但我认为，解决那个课题的道路，就要从日常生活中非常微小的实践开始积累。因为"生活更美好，社会就更好"。

孕育 MUJI 的话语 53

重复原点,重复未来。

二〇〇九年十一月，公司设立了"生活良品研究所"。这是一个以无印良品与众多生活者的合作为前提，具有培育商品机能的实验室。所长小池一子女士提出："我抓着扶手乘电车时突然想到一句很棒的话：'重复原点，重复未来。'把这个当成生活良品研究所的宣传语如何？"我一听，马上表示赞成。

本书记录了堤清二先生、田中一光先生、杉本贵志先生、小池一子女士、原研哉先生、深泽直人先生和须藤玲子女士等人通过话语和思考共同孕育无印良品的背景，记录了他们在不断探索无印良品时留下的许多有意义的话语。在无印良品顾问委员会这个机制中，麹谷宏先生、天野圣先生也为培养无印良品做出了许多贡献。众多前辈不断烦恼、思索，愉快地堆积并推倒，堆积并推倒，如此反复下来形成的堆积物，就是现在的无印良品。田中一光先生曾说："思考无印良品实在太有意思了，害我晚上都兴奋得睡不着。"不过，无印良品能够存续至今的理由只有一个，那就是真诚探索没有答案的问题的人们与不断回馈评价的顾客之间的关系。

我经常听到很多顾客说："无印良品已经成为名牌了。"

那些话语背后，既有"能够成长到现在这个地步，真是太好了"之意，也有"不知它什么时候做得这么大，竟成了一个名牌"之意。

我们一直注重不依托于标识的商品开发和销售，也希望"無印良品"的思考方式能够获得更多好感和共鸣。

我希望以生活者的视角，切实提升良心与创造力，为"感觉良好的生活"与"感觉良好的社会"做贡献，以"重复原点，重复未来。"为口号，全体成员共同为快乐的工作展开思考，培养能够让人产生"对啊！"这种共鸣的"無印良品"。

代后记

最后，我想向各位介绍無印良品得到的鼓励和话语，作为思考無印良品时的参考，并代后记。没有注明出处的话语皆为我直接听闻并记录之言。

茶的本质是质朴不畏奢华，在贫瘠中深藏知性与感性的世界。如果能向世界传递这样的精神文化，最终确立一个不同的价值体系，就可以不浪费过多资源，同时为自身的审美意识感到自豪。

《设计的前后左右》（白水社）

無印良品能够通过经营让众人欢喜，并传播美。

小池一子女士在电视节目中介绍田中一光先生的发言

無印良品纵使存在缺点，也要保持个性。

摘自笔记
田中一光
©Ikko Tanaka / Licensed by DNPartcom

从無印良品的哲学中诞生的商品，切不可追求影响品质的低成本。

摘自来信
恩佐·马里

"栗子树项目"是我跟MUJI的约定。一个叔叔种下了栗子树，几十年后栗子树长成了大树，孙辈和孙辈的孩子们都会在树荫下读书闲聊，高兴地休憩。'栗子树'是人类的诚实、知性和教养创造的普遍性项目，同时也是一个设计。那是对消费社会和拜金社会的反抗。我们必须把那样的设计和设计师的精神留给后世。在我们还生活在这个世界上时，要将这些思考的背景与思考方法，以及'人类是什么？设计是什么？'这些问题，传递给后世之人。今天，我就跟MUJI的金井缔结了这个坚定不移的约定。

摘自对话
恩佐·马里

在普遍推崇庸俗、鲜艳、廉价的大众日用品领域，無印良品是个非常珍贵的品牌。其商品思想包含了对消费社会的批判、日本传统的质朴美感和对各种事物的思考与慎重态度，同时又以提供让日常生活更为整齐舒适的视角，省却无意义装饰的、值得认同的低价，传达正确的信息为目标。

店铺由天然素材和简单易懂的商品陈列构成舒适的空间，能够让顾客感受到平易近人的纯粹明朗，并且深入体会商品的思想。里面排除了一切多余的色彩，以素材原色为基调，连意面都能成为一种色彩，作为装饰的一个要素。

無印良品的根基带有一种确定性，即人类追求更美好生活的普遍行为能够通过日常的微小事物来实现。这样的無印良品，包含了充满日本特性的微妙反讽。

無印良品荣获织部奖（二〇〇三年）时的评语
安德里亚·布兰兹

真正的美是自然孕育之物，而非创造之物。

真正的设计存在于与流行的战斗中。

《柳宗理随笔》（平凡社）中令我深有感触的话语
柳宗理

反协调才是真正的协调。

《民博月刊》（一九七八年七月号）
冈本太郎

有一种美叫丑陋的美。怪诞之物、恐怖之物、不愉快之物、令人厌恶之物，都有一种令人毛骨悚然的美。

《今日之艺术》（光文社智慧之森文库）
冈本太郎

虽然东西都是一种符号，可是符号过剩了，就会偶尔想进行整理，让它重回单纯和朴素。我想，那就是"無印良品"吧。虽说如此，但它本身并没有脱离符号的范畴，而是在泛滥的符号洪流之后出现的，更高层次的质朴符号。

《感性时代：西友的创意工作》（利布罗出版）
伊丹十三

真理存在于暧昧之中。

如果世界上从未存在香烟和美酒，也就不会诞生小说和文学。

摘自对话
黑崎辉男

绞尽脑汁，拼命做出正确的东西去挑战市场。商品开发真是一项快乐的工作。

摘自对话
中田哲夫

我要高度评价（無印良品）通过设计构筑起商品与社会的信赖关系的成绩、创建新的舒适生活标准的功绩，以及在世界广泛传播设计本质作用的成果。

無印良品荣获每日设计奖（二〇一四年）特别奖时的评语
内藤广

地方并不是单纯地理上的"地方"，而是"自己与周围人们的关系和联结"。

在良品计画发言时提到的内容
内山节

企业只要用心，就能改变社会!

在良品计画发言时提到的内容
若杉浩一

如果想做好设计，就必须开展好事业。无论干什么都需要钱。好设计的前提是好事业。

良品计画员工发言时
恩佐·马里

我们人类降生时都是没有"印"的个人。然而社会在我们降生的瞬间，就给我们打上了人种、家境、性别、出生地等烙印。这些对公司来说，都是无用的"印"。

> 摘自笔记

员工是人，而不是单纯的"人才"。

> 摘自对话
> **堤清二**

店长们是否精神饱满？只要店长们精神饱满，無印良品就没问题。

> 二○○一年無印良品面临危机时得到的鼓励
> **田中一光**
> ©Ikko Tanaka / Licensed by DNPartcom

没有销售就没有事业。

> 摘自对话
> **木内政雄**

后记 "共识"

深泽直人

在我思索该用什么作为良品计画金井政明会长六十大寿的礼物时,突然想到可以将他说过的话汇集成一本书。因为大家都知道,至今为止他对员工有意无意说出的许多话语,都成了推动MUJI前进的动力。我认为,此时让大家重新反思这些话语,也不失为一个好主意。

他的话语有时很粗略,令人难以理解,所以听到话语的人时常要进行许多思考去捕捉话语背后的正确意义。这本书可将那些话语作为小标题,并在下文记录员工摸索话语含义的过程。同时,我也马上想到了书名——《Mr. MUJI金井语录》。腰封文字则是"没有个这人,就无法讲述MUJI。打下'感觉良好的生活'不可或缺的基础之人随口说出的话语"。

我有所预感,这本语录应该不会面向外部出版,就算金井先生表示希望出版,一定也不会允许使用"Mr. MUJI"这个标题。那是因为我们有个观念,即MUJI不属于任何人，而是大家的东西。以剔除"某人创造之物"的标识品牌（印）概念而展开的活动成就了现在的MUJI，"Mr. MUJI"这种标题自然就显得过于狂妄了。

只是，我和良品计画的员工都有一种心情，认为将金井先生称作"Mr. MUJI"一点都不为过。事实上，我认为金井先生自己也会想："可能不会有人比我更坚持思考'MUJI是什么？身为MUJI必须要做什么？'了吧。"

在他对待MUJI的态度影响下，员工和我们这些跟MUJI有所关联的人也把思考"MUJI是什么"当成了理所当然的事。那种态度最终演化为"为了人，我们能做些什么"，还形成了一个时刻在那个基础上生出创意的集团。这是一个自然生成，且绝不同于他人、持续而稳定的创造集团。用MUJI的理念来思考人，思考"感觉良好的生活"甚至成了一种习惯。这种习惯成了一大企业价值，同时也是具有社会性的价值。而且不知不觉间，人们，也就是用户和顾客们，也都开始思考MUJI了。

我时常这样想：对MUJI来说，最特别的价值就是顾客和MUJI粉丝对MUJI的严格要求。人们在对MUJI的思考产生共鸣、表示赞同的同时，也时刻在用"这样就好了吗？"的严厉目光审视着MUJI。还有什么企业价值能比这个更为宝贵呢？大家都把MUJI当成了自己的事情来思考，这种态度扩散开去，就成了思考"感觉良好的生活"的平台。

我认为，MUJI就是"共识"。是不断寻觅大家认为"对啊"的事物。

可是金井先生又会喃喃自语："大家怎么都觉得，东西卖得好就是好呢。"这句话为我们敲响了警钟，东西卖得多，并不能简单等同于得到了大家的共识。我们依旧要时刻带着疑问去看待事物，去思考它们是否"正确"。

共识这个平台并非只会孕育出好东西。它反倒更容易暴露出人们在意的、具有违和感的方面。改善意味着去除违和感，将它去除之后，就看不出来了。那就意味着变成"无"，而无印的"印"就是大家感觉到的违和感。

每次我们说向右，金井先生都会说"为什么不是左呢"。我们说白，他就会说"为什么不是黑呢"。这种乍一看像故意找茬的对话，正是寻找MUJI坚定中轴的关键。这么做是为了刻意制造动摇，从而寻找动摇的中心。这是金井先生的自问自答，也是向所有人抛出的疑问，其本质就是找到最佳答案的行为。

株式会社良品计画

从事"無印良品"的策划开发、生产、流通及销售的生产零售企业，经营以服装、家居用品、食品等日常生活用品为主的商品群。

金井政明

株式会社良品计画董事会会长。

一九五七年出生于长野县。一九七六年入职西友商店长野（现·西友）公司，一九九三年调往良品计画担任生活杂货部部长。长年推动构成营业额主要来源的生活杂货部发展，支撑了良品计画的成长。其后历任常务、专务等职位，二〇〇八年出任社长，投身于良品计画集团整体的企业价值提升活动。二〇一五年出任现职位。

MUJI GA UMARERU "SHIKO" TO "KOTOBA"
© Ryohin Keikaku Co., Ltd. 2018
First published in Japan in 2018 by KADOKAWA CORPORATION, Tokyo.
Simplified Chinese translation rights arranged with KADOKAWA CORPORATION, Tokyo through JAPAN UNI AGENCY, INC., Tokyo.
Simplified Chinese edition copyright: 2019 New Star Press Co., Ltd.
著作版权合同登记号：01-2019-4863

图书在版编目（CIP）数据

孕育无印良品的"思考"与"话语" / 日本良品计画著；吕灵芝译． —— 北京：新星出版社，2020.1
ISBN 978-7-5133-3782-3

Ⅰ．①孕⋯　Ⅱ．①日⋯　②吕⋯　Ⅲ．①轻工业－工业企业管理－经验－日本　Ⅳ．①F431.368

中国版本图书馆CIP数据核字（2019）第229107号

孕育无印良品的"思考"与"话语"

[日] 良品计画 著　吕灵芝 译

策划编辑：东　洋
责任编辑：李夷白
责任校对：刘　义
责任印制：李珊珊
装帧设计：冷暖儿

出版发行：新星出版社
出 版 人：马汝军
社　　址：北京市西城区车公庄大街丙3号楼　100044
网　　址：www.newstarpress.com
电　　话：010-88310888
传　　真：010-65270449
法律顾问：北京市岳成律师事务所

读者服务：010-88310811　service@newstarpress.com
邮购地址：北京市西城区车公庄大街丙3号楼　100044

印　　刷：北京美图印务有限公司
开　　本：889mm×1270mm　1/32
印　　张：8
字　　数：62千字
版　　次：2020年1月第一版　2020年1月第一次印刷
书　　号：ISBN 978-7-5133-3782-3
定　　价：78.00元

版权专有，侵权必究；如有质量问题，请与印刷厂联系调换。